しっかり初級中国語

【新出語句ドリル】

白水社

第1课

　　　　　　　　　　　　　　　　　　　　　　　　漢字　　　　　ピンイン

1. 第～课　　dì ~ kè　　　　第～課
2. 妈妈　　　māma　　　　　名 母さん
3. 亮平　　　Liàngpíng　　　亮平〔人名〕
4. 我　　　　wǒ　　　　　　代 私
5. 喝　　　　hē　　　　　　動 飲む
6. 咖啡　　　kāfēi　　　　　名 コーヒー
7. 你　　　　nǐ　　　　　　代 あなた
8. 呢　　　　ne　　　　　　助 ～は？
9. 不　　　　bù / bú　　　　副 ～(し)ない，～でない
10. 红茶　　　hóngchá　　　　名 紅茶
11. 吃　　　　chī　　　　　　動 食べる
12. 什么　　　shénme　　　　代 何
13. 蛋糕　　　dàngāo　　　　名 ケーキ
14. 也　　　　yě　　　　　　副 ～も，また
15. 您　　　　nín　　　　　　代 あなた〔敬語〕
16. 先　　　　xiān　　　　　副 先に
17. 回　　　　huí　　　　　　動 帰る
18. 家　　　　jiā　　　　　　名 家
19. 吧　　　　ba　　　　　　助 ①～してください ②～しよう
20. 去　　　　qù　　　　　　動 行く
21. 哪儿　　　nǎr　　　　　　代 どこ
22. 图书馆　　túshūguǎn　　　名 図書館
23. 我们　　　wǒmen　　　　　代 私たち
24. 咱们　　　zánmen　　　　　代 (相手を含む)私たち
25. 你们　　　nǐmen　　　　　代 あなたたち
26. 他　　　　tā　　　　　　代 彼
27. 她　　　　tā　　　　　　代 彼女
28. 他们　　　tāmen　　　　　代 彼ら
29. 她们　　　tāmen　　　　　代 彼女ら

30	面包	miànbāo	名 パン		
31	来	lái	動 来る		
32	日本	Rìběn	名 日本		
33	东京	Dōngjīng	名 東京		
34	中国	Zhōngguó	名 中国		
35	看	kàn	動 見る，(声を出さずに)読む		
36	漫画	mànhuà	名 漫画		
37	茶	chá	名 茶		
38	谁	shéi	代 誰		
39	北京	Běijīng	名 北京		
40	米饭	mǐfàn	名 ご飯，ライス		
41	电视	diànshì	名 テレビ		
42	大学	dàxué	名 大学		
*	学习	xuéxí	動 勉強する，学ぶ		
*	汉语	Hànyǔ	名 中国語		

第2课

				漢字	ピンイン
1	刘	Liú	劉〔姓〕		
2	丽	Lì	麗〔人名〕		
3	你好	nǐ hǎo	こんにちは		
4	这	zhè	代 これ，それ		
5	是	shì	動 〜である		
6	中文	Zhōngwén	名 中国語		
7	报	bào	名 新聞		
8	是啊	shì a	そう		
9	中国人	Zhōngguórén	名 中国人		
10	吗	ma	助 〜か？		
11	留学生	liúxuéshēng	名 留学生		
12	爸爸	bàba	名 父さん		
13	日本人	Rìběnrén	名 日本人		
14	哪个	něige / nǎge	代 どれ，どの		
15	系	xì	名 学部，学科		
16	的	de	助 〜の…		
17	学生	xuésheng	名 学生		
18	经济	jīngjì	名 経済		
19	年级	niánjí	名 学年		
20	叫	jiào	動 (名を)〜という		
21	名字	míngzi	名 名前		
22	姓	xìng	動 (姓を)〜という		
23	国际	guójì	名 国際		
24	这个	zhèige / zhège	代 これ，この，それ，その		
25	这些	zhèixiē / zhèxiē	代 これら，それら		
26	那	nà	代 あれ		
27	那个	nèige / nàge	代 あれ，あの		
28	那些	nèixiē / nàxiē	代 あれら		
29	哪	nǎ	代 どれ		

30	哪些	něixiē / nǎxiē	代	どの〔複数〕		
31	这儿	zhèr	代	ここ，そこ		
32	这里	zhèli	代	ここ，そこ		
33	那儿	nàr	代	あそこ		
34	那里	nàli	代	あそこ		
35	哪里	nǎli	代	どこ		
36	课本	kèběn	名	教科書		
37	手机	shǒujī	名	携帯電話		
38	买	mǎi	動	買う		
39	词典	cídiǎn	名	辞書		
40	哥哥	gēge	名	兄，兄さん		
41	公司	gōngsī	名	会社		
42	韩国	Hánguó	名	韓国		
43	老师	lǎoshī	名	先生		
44	大学生	dàxuéshēng	名	大学生		
45	英文	Yīngwén	名	英語		
46	书	shū	名	本		
47	妹妹	mèimei	名	妹		
48	雨伞	yǔsǎn	名	傘		
49	都	dōu	副	みな，いずれも		
50	钱包	qiánbāo	名	財布		
51	学校	xuéxiào	名	学校		
*	文学	wénxué	名	文学		
*	外语	wàiyǔ	名	外国語		
*	法律	fǎlǜ	名	法律		
*	工学	gōngxué	名	工学		

第 3 课

				漢字	ピンイン
1	哇	wa	感 わー		
2	真	zhēn	副 本当に		
3	可爱	kě'ài	形 かわいい		
4	狗	gǒu	名 犬		
5	啊	a	助 〜なの〔明るい語気を表す〕		
6	喜欢	xǐhuan	動 好きだ		
7	小	xiǎo	接頭〔名詞の前に置き幼さやかわいらしさを表す〕		
8	小狗	xiǎogǒu	わんこ		
9	今天	jīntiān	名 今日		
10	天气	tiānqì	名 天気, 気候		
11	很	hěn	副 (とても)		
12	好	hǎo	形 よい		
13	一起	yìqǐ	副 一緒に		
14	散步	sàn//bù	動＋ 散歩する		
15	怎么样	zěnmeyàng	代 どうですか		
16	爱好	àihào	名 趣味		
17	踢	tī	動 蹴る, (サッカーを)する		
18	足球	zúqiú	名 サッカー		
19	电影	diànyǐng	名 映画		
20	还是	háishi	接 それとも		
21	贵	guì	形 (値段が)高い		
22	忙	máng	形 忙しい		
23	鞋	xié	名 靴		
24	好看	hǎokàn	形 きれいだ, かっこいい, おもしろい		
25	菜	cài	名 料理		
26	有点儿	yǒudiǎnr	副 どうもちょっと		
27	辣	là	形 からい		
28	冷	lěng	形 寒い		
29	热	rè	形 暑い, 熱い		

30	工作	gōngzuò	名 仕事		
31	最近	zuìjìn	名 最近，近頃		
32	不太	bú tài	あまり〜ない		
33	奶奶	nǎinai	名 (父方の)祖母		
34	身体	shēntǐ	名 体		
35	猫	māo	名 猫		
36	学习	xuéxí	動 勉強する，学ぶ		
37	姐姐	jiějie	名 姉，姉さん		
38	打	dǎ	動 (球技やゲームなどを)する		
39	网球	wǎngqiú	名 テニス		
40	明天	míngtiān	名 明日		
41	弟弟	dìdi	名 弟		
42	姥姥	lǎolao	名 (母方の)祖母		
43	大	dà	形 大きい		
44	小	xiǎo	形 小さい		
45	便宜	piányi	形 安い		
46	好吃	hǎochī	形 おいしい		
47	听	tīng	動 聞く，聴く		
48	音乐	yīnyuè	名 音楽		
49	要	yào	動 ほしい，要る		
50	鱼	yú	名 魚		
51	肉	ròu	名 肉		
52	上午	shàngwǔ	名 午前		
53	下午	xiàwǔ	名 午後		
*	舒服	shūfu	形 気持ちがよい		
*	肚子	dùzi	名 おなか		
*	头	tóu	名 頭		
*	疼	téng	形 痛い		

第 4 课

　　　　　　　　　　　　　　　　　　　　　　漢字　　　　　ピンイン

1. 有　　yǒu　　　　動 いる，ある，持っている
2. 几　　jǐ　　　　　代 いくつ
3. 口　　kǒu　　　　量 ～人〔家族の人数を数える〕
4. 人　　rén　　　　名 人
5. 和　　hé　　　　　接 ～と…
6. 还　　hái　　　　副 あと，ほかに
7. 只　　zhī　　　　量 ～匹
8. 今年　jīnnián　　名 今年
9. 多大　duō dà　　　いくつ〔年齢〕，（大きさが）どのくらい
10. 岁　　suì　　　　量 ～歳
11. 高中　gāozhōng　名 高校
12. 兄弟　xiōngdì　　名 兄弟
13. 姐妹　jiěmèi　　　名 姉妹
14. 没有　méiyǒu　　　いない，ない
15. 累　　lèi　　　　形 疲れている
16. 家　　jiā　　　　量 ～軒
17. 咖啡馆　kāfēiguǎn　名 カフェ，喫茶店
18. 正好　zhènghǎo　副 ちょうど
19. 想　　xiǎng　　　助動 ～したい
20. 个　　ge　　　　　量 ～人，～個
21. 两　　liǎng　　　数 ふたつ
22. 本　　běn　　　　量 ～冊
23. 张　　zhāng　　　量 ～枚，（テーブル・ベッドなどが）～台
24. 票　　piào　　　　名 チケット
25. 双　　shuāng　　　量 〔ペアになっているものを数える〕
26. 护照　hùzhào　　　名 パスポート
27. 餐厅　cāntīng　　　名 レストラン
28. 洗手间　xǐshǒujiān　名 お手洗い
29. 课　　kè　　　　　名 授業

#	中文	ピンイン	品詞・意味		
30	附近	fùjìn	名 近く，付近		
31	朋友	péngyou	名 友達		
32	月	yuè	量 ～月〔日付〕		
33	号	hào	量 ～日〔日付〕		
34	星期～	xīngqī	～曜日		
35	一共	yígòng	副 全部で，合計で		
36	多少	duōshao	代 (量が)どのくらい		
37	台	tái	量 ～台〔機械を数える〕		
38	冰箱	bīngxiāng	名 冷蔵庫		
39	饭	fàn	名 ごはん，食事		
40	件	jiàn	量 ～着〔衣服〕，～件〔事柄など〕		
41	毛衣	máoyī	名 セーター		
42	书包	shūbāo	名 カバン		
43	纸	zhǐ	名 紙		
44	桌子	zhuōzi	名 テーブル，机		
45	衣服	yīfu	名 服		
46	事儿	shìr	名 事，用事		
47	条	tiáo	量 〔細長いものを数える〕		
48	路	lù	名 道		
49	裤子	kùzi	名 ズボン		
50	杯	bēi	量 ～杯〔コップ・グラスに入ったものを数える〕		
51	袜子	wàzi	名 靴下		
52	筷子	kuàizi	名 箸		
53	电脑	diànnǎo	名 パソコン		
54	自行车	zìxíngchē	名 自転車		
55	时间	shíjiān	名 時間		
56	乌龙茶	wūlóngchá	名 ウーロン茶		
*	年纪	niánjì	名 年齢		

第5课

				漢字	ピンイン
1	在	zài	動 ある，いる		
2	离	lí	介 ～から，～まで		
3	近	jìn	形 近い		
4	就	jiù	副 ちょうど，すぐ，もう		
5	公园	gōngyuán	名 公園		
6	东边	dōngbian	方 東，東側		
7	邮局	yóujú	名 郵便局		
8	旁边	pángbiān	方 そば，となり		
9	比较	bǐjiào	副 比較的，わりと		
10	远	yuǎn	形 遠い		
11	每天	měitiān	名 毎日		
12	差不多	chàbuduō	副 だいたい，ほとんど		
13	现在	xiànzài	名 今，現在		
14	打工	dǎ//gōng	動+ アルバイトをする		
15	晚上	wǎnshang	名 夜，晩		
16	在	zài	介 ～(場所)で		
17	便利店	biànlìdiàn	名 コンビニ		
18	那	nà	接 では		
19	上边	shàngbian	方 上，上側		
20	下边	xiàbian	方 下，下側		
21	前边	qiánbian	方 前，前側		
22	后边	hòubian	方 後，後ろ側		
23	左边	zuǒbian	方 左，左側		
24	右边	yòubian	方 右，右側		
25	里边	lǐbian	方 中，中側		
26	外边	wàibian	方 外，外側		
27	对面	duìmiàn	方 向かい		
28	南边	nánbian	方 南，南側		
29	西边	xībian	方 西，西側		

30	北边	běibian	方 北，北側		
31	～上	shang	方 ～の上		
32	～里	li	方 ～の中		
33	教室	jiàoshì	名 教室		
34	书店	shūdiàn	名 書店		
35	商店	shāngdiàn	名 店		
36	爷爷	yéye	名 (父方の)祖父		
37	姥爷	lǎoye	名 (母方の)祖父		
38	台湾	Táiwān	名 台湾		
39	工作	gōngzuò	動 働く		
40	超市	chāoshì	名 スーパーマーケット		
41	住	zhù	動 泊まる		
42	饭店	fàndiàn	名 ホテル		
43	车站	chēzhàn	名 駅，停留所		
44	暑假	shǔjià	名 夏休み		
45	一个月	yí ge yuè	1か月		
46	银行	yínháng	名 銀行		
47	多远	duō yuǎn	(距離が)どのくらい		
*	快餐店	kuàicāndiàn	名 ファストフード店		

第 6 课

	漢字	ピンイン

1. 香香　　Xiāngxiang　　名〔「香」の愛称〕
2. 回来　　huí//lai　　動＋　帰ってくる
3. 了　　le　　助　～した，（もう）～している
4. 还　　hái　　副　まだ
5. 还没～（呢）　hái méi~(ne)　まだ～していない
6. 又　　yòu　　副　また
7. 带　　dài　　動　連れる
8. 啦　　la　　助　～した〔感嘆の語気を含む〕
9. 整天　　zhěngtiān　　名　一日中
10. 跟　　gēn　　介　～と，～に
11. 玩儿　　wánr　　動　遊ぶ
12. 都　　dōu　　副　もう，すでに
13. 上　　shàng　　動　(学校に)入る，通う
14. 交　　jiāo　　動　①つきあう　②提出する
15. 女朋友　　nǚpéngyou　　名　ガールフレンド
16. 知道　　zhīdao　　動　知っている
17. 自己　　zìjǐ　　代　自分
18. 问　　wèn　　動　尋ねる
19. 要　　yào　　助動　～しなくてはならない
20. 做　　zuò　　動　①する，やる　②つくる
21. 作业　　zuòyè　　名　宿題
22. 午饭　　wǔfàn　　名　昼食
23. 坐　　zuò　　動　(乗り物に)乗る
24. 飞机　　fēijī　　名　飛行機
25. 上海　　Shànghǎi　　名　上海
26. 王　　Wáng　　王〔姓〕
27. 同学　　tóngxué　　名　同級生，クラスメート
28. 东西　　dōngxi　　名　物，品物
29. 商量　　shāngliang　　動　相談する

30	骑	qí	動 （自転車やオートバイに）乗る		
31	上学	shàng//xué	動+ 通学する		
32	准备	zhǔnbèi	動 準備する		
33	考试	kǎoshì	名・動+ 試験（をする）		
34	复印	fùyìn	動 コピーする		
35	资料	zīliào	名 資料		
36	一定	yídìng	副 必ず，きっと		
37	冰淇淋	bīngqílín	名 アイスクリーム		
38	不用	búyòng	副 〜する必要がない		
39	晚饭	wǎnfàn	名 夕食		
40	参加	cānjiā	動 参加する		
41	比赛	bǐsài	名 試合		
42	没(有)	méi(you)	副 〜しなかった，〜していない		
43	已经	yǐjīng	副 すでに，もう		
44	回去	huí//qu	動+ 帰っていく		
45	游泳	yóu//yǒng	動+ 泳ぐ		
46	下雨	xià//yǔ	動+ 雨が降る		
47	地铁	dìtiě	名 地下鉄		
48	上班	shàng//bān	動+ 出勤する		
49	借	jiè	動 借りる		
50	见面	jiàn//miàn	動+ 会う		
51	早饭	zǎofàn	名 朝食		
52	起床	qǐ//chuáng	動+ 起きる，起床する		
53	睡觉	shuì//jiào	動+ 眠る		
*	下班	xià//bān	動+ 退勤する		
*	回头见	huítóu jiàn	またあとで		

第 7 课

				漢字	ピンイン
1	下课	xià//kè	動+ 授業が終わる		
2	食堂	shítáng	名 (施設内の)食堂		
3	下	xià	方 次の		
4	下星期	xià xīngqī	来週		
5	空	kòng	名 ひま		
6	了	le	助 ～した〔動作の完了を表す〕		
7	送	sòng	動 贈る		
8	部	bù	量〔映画などを数える〕		
9	从	cóng	介 ～から		
10	点	diǎn	量 ～時〔時刻〕		
11	开始	kāishǐ	動 始まる		
12	电影院	diànyǐngyuàn	名 映画館		
13	门口	ménkǒu	名 入口		
14	见	jiàn	動 会う		
15	好的	hǎo de	はい，わかった〔承諾の回答〕		
16	对了	duì le	そうそう		
17	电话	diànhuà	名 電話		
18	号码	hàomǎ	名 番号		
19	写	xiě	動 書く		
20	信	xìn	名 手紙		
21	封	fēng	量 ～通〔手紙など〕		
22	瓶	píng	量 ～本〔瓶に入ったもの〕		
23	给	gěi	動 与える，あげる，くれる		
24	张	Zhāng	張〔姓〕		
25	教	jiāo	動 教える		
26	汉语	Hànyǔ	名 中国語		
27	问题	wèntí	名 問題，質問		
28	块	kuài	量〔かたまり状のものを数える〕		
29	手表	shǒubiǎo	名 腕時計		

#	中文	ピンイン	品詞・意味		
30	请	qǐng	動 どうぞ〜		
31	告诉	gàosu	動 告げる，知らせる		
32	怎么	zěnme	代 どうやって		
33	念	niàn	動 （声に出して）読む		
34	礼物	lǐwù	名 プレゼント		
35	钟	zhōng	名 〔時間を表す〕		
36	零	líng	数 〔空位を表す〕		
37	分	fēn	量 〜分〔時刻〕		
38	一刻	yí kè	15分		
39	半	bàn	数 半〔時刻〕		
40	早上	zǎoshang	名 朝		
41	三刻	sān kè	45分		
42	后天	hòutiān	名 あさって		
43	中午	zhōngwǔ	名 昼，昼時		
44	寒假	hánjià	名 冬休み		
45	什么时候	shénme shíhou	いつ		
46	大阪	Dàbǎn	名 大阪		
47	美国	Měiguó	名 アメリカ		
48	小	xiǎo	接頭 〔1字の姓の前に置き親しみを込めた呼びかけにする〕		
49	赵	Zhào	趙〔姓〕		
50	昨天	zuótiān	名 きのう		
51	把	bǎ	量 〔握る部分があるものを数える〕		
52	碗	wǎn	量 〔茶碗や丼に入ったものを数える〕		
53	面条	miàntiáo	名 麺		
54	音乐会	yīnyuèhuì	名 音楽会，コンサート		
55	开演	kāiyǎn	動 開演する		
56	香港	Xiānggǎng	名 香港		
57	天津	Tiānjīn	名 天津		
*	上课	shàng//kè	動＋ 授業に出る，授業をする		

第8课

				漢字	ピンイン
1	歌	gē	名 歌		
2	好听	hǎotīng	形 (音が)きれいだ		
3	才	cái	副 たった，わずかに		
4	逛	guàng	動 ぶらつく		
5	给	gěi	介 ～(のため)に，～宛に		
6	生日	shēngrì	名 誕生日		
7	帮	bāng	動 手伝う		
8	选	xuǎn	動 選ぶ		
9	一下	yíxià	数量 ちょっと		
10	可以	kěyǐ	助動 (～して)よろしい，～してみるとよい		
11	顶	dǐng	量 〔帽子などを数える〕		
12	帽子	màozi	名 帽子		
13	挺～的	tǐng ~ de	なかなか～だ		
14	多少钱	duōshao qián	いくら〔値段を尋ねる〕		
15	万	wàn	数 万		
16	休息	xiūxi	動 休む，休憩する		
17	尝	cháng	動 味わう，味をみる		
18	包子	bāozi	名 中華まん		
19	跳舞	tiào//wǔ	動+ ダンスをする		
20	打牌	dǎ//pái	動+ トランプやマージャンをする		
21	男朋友	nánpéngyou	名 ボーイフレンド		
22	打	dǎ	動 (電話を)かける		
23	介绍	jièshào	動 紹介する		
24	孩子	háizi	名 子ども		
25	们	men	接尾 ～たち		
26	(一)些	(yì)xiē	数量 いくらか，ちょっと		
27	点心	diǎnxin	名 菓子		
28	参观	cānguān	動 見学する		
29	当然	dāngrán	副 もちろん		

30	行	xíng	形 よろしい，かまわない
31	用	yòng	介 〜で，〜を使って / 動 使う
32	信用卡	xìnyòngkǎ	名 クレジットカード
33	付	fù	動 支払う
34	有趣	yǒuqù	形 おもしろい
35	百	bǎi	数 百
36	千	qiān	数 千
37	块	kuài	量 通貨の単位「〜元」「〜円」
38	想	xiǎng	動 考える，思う
39	等	děng	動 待つ
40	复习	fùxí	動 復習する
41	唱	chàng	動 歌う
42	帮忙	bāng//máng	動+ 手伝う
43	李	Lǐ	李〔姓〕
44	发	fā	動 送信する
45	邮件	yóujiàn	名 メール
46	经常	jīngcháng	副 よく，しょっちゅう
47	讲	jiǎng	動 話す
48	故事	gùshi	名 物語
49	抽烟	chōu//yān	動+ タバコを吸う
50	查	chá	動 調べる，(辞書を)引く
51	笔	bǐ	名 ペン，筆記用具
*	斤	jīn	量 重さの単位(1斤＝500g)

第 9 课

				漢字	ピンイン
1	照片	zhàopiàn	名 写真		
2	会	huì	助動 ①（習得して）〜できる ②〜の可能性がある		
3	说	shuō	動 話す，言う		
4	穿	chuān	動 着る，はく		
5	着	zhe	助 〜（し）ている		
6	旗袍	qípáo	名 チャイナドレス		
7	好	hǎo	副 すごく〜		
8	漂亮	piàoliang	形 きれいだ，美しい		
9	特别	tèbié	副 特に		
10	订做	dìngzuò	動 オーダーして作る		
11	过	guo	助 ①〜したことがある ②〜を済ませる，〜した		
12	好几	hǎojǐ	いくつもの		
13	能	néng	助動 〜できる		
14	不过	búguò	接 でも，だが		
15	一般	yìbān	形 ふつう		
16	是吗	shì ma	そうなんだ，そうなの？		
17	和	hé	介 〜と		
18	说话	shuō//huà	動＋ 話をする		
19	平时	píngshí	名 普段		
20	欧洲	Ōuzhōu	名 ヨーロッパ		
21	烤鸭	kǎoyā	名 北京ダック		
22	黑色	hēisè	名 黒		
23	大衣	dàyī	名 コート		
24	学生证	xuéshēngzhèng	名 学生証		
25	带	dài	動 携帯する		
26	戴	dài	動 （メガネや帽子などを）身につける		
27	眼镜	yǎnjìng	名 メガネ		
28	服务员	fúwùyuán	名 （接客担当の）店員・従業員		
29	站	zhàn	動 立つ		

#	中文	ピンイン	品詞	意味
30	聊天儿	liáo//tiānr	動＋	おしゃべりする
31	呢	ne	助	〔今の状況を表す〕
32	坐	zuò	動	座る
33	拿	ná	動	（手に）持つ，取る
34	感冒	gǎnmào	動	風邪をひく
35	旅游	lǚyóu	動	旅行をする
36	游	yóu	動	泳ぐ
37	米	mǐ	量	メートル
38	日语	Rìyǔ	名	日本語
39	开车	kāi//chē	動＋	車を運転する
40	可能	kěnéng	副	たぶん〜かもしれない
41	下雪	xià//xuě	動＋	雪が降る
42	吧	ba	助	〜だろう
43	明年	míngnián	名	来年
44	的	de	助	〔断定の語気を表す〕
45	曾经	céngjīng	副	かつて
46	小说	xiǎoshuō	名	小説
47	京剧	Jīngjù	名	京劇
48	白色	báisè	名	白
49	裙子	qúnzi	名	スカート
50	躺	tǎng	動	寝転がる
51	游戏	yóuxì	名	ゲーム
52	滑雪	huá//xuě	動＋	スキーをする
53	照相	zhào//xiàng	動＋	写真を撮る
*	（一）点儿	(yì)diǎnr	数量	ちょっと

第10课

				漢字	ピンイン
1	快~了	kuài ~ le	もうすぐ~(になる，する)		
2	在	zài	副 ~しているところだ		
3	外面	wàimian	方 外		
4	得	de	助 ~するのが…だ〔様態補語を構成する〕		
5	开心	kāixīn	形 楽しい		
6	嗯	ng	うん〔あいづち〕		
7	~的时候	de shíhou	~の時		
8	顺便	shùnbiàn	副 ついでに		
9	盒	hé	量 〔容器に入ったものを数える〕		
10	牛奶	niúnǎi	名 牛乳		
11	啊	a	嘆 あっ		
12	要~了	yào ~ le	もうすぐ~(になる，する)		
13	没电	méi diàn	電池が切れる		
14	注意点儿	zhùyì diǎnr	(ちょっと)気を付ける		
15	过	guò	動 過ぎる，越える		
16	一会儿	yíhuìr	数量 ちょっとの間		
17	~年	nián	~年		
18	~个月	ge yuè	~か月		
19	~个星期	ge xīngqī	~週間		
20	~天	tiān	~日間		
21	~个小时	ge xiǎoshí	~時間		
22	~分钟	fēnzhōng	~分間		
23	多长时间	duō cháng shíjiān	どのくらいの時間		
24	学	xué	動 勉強する，学ぶ		
25	法语	Fǎyǔ	名 フランス語		
26	住	zhù	動 住む		
27	多	duō	数 〔概数を表す〕		
28	非常	fēicháng	副 非常に		
29	流利	liúlì	形 流暢である		

30	正	zhèng	副 ちょうど		
31	开会	kāi//huì	動+ 会議をする		
32	就要~了	jiùyào ~ le	もうすぐ~(になる，する)		
33	水	shuǐ	名 水，湯		
34	开	kāi	動 沸く，沸かす		
35	看样子	kàn yàngzi	見たところ		
36	新干线	xīngànxiàn	名 新幹線		
37	到	dào	動 ~に到る，到着する		
38	京都	Jīngdū	名 京都		
39	~站	zhàn	名 ~駅		
40	下个月	xià ge yuè	来月		
41	搬家	bān//jiā	動+ 引越しする		
42	睡	shuì	動 眠る		
43	节	jié	量 ~時限，~コマ		
44	弹	tán	動 (ピアノやギターなどを)弾く		
45	钢琴	gāngqín	名 ピアノ		
46	前天	qiántiān	名 一昨日		
47	画	huà	動 描く		
48	画儿	huàr	名 絵		
49	乒乓球	pīngpāngqiú	名 卓球		
50	干	gàn	動 やる，する		
51	上课	shàng//kè	動+ 授業に出る，授業をする		
52	跑步	pǎo//bù	動+ ジョギングをする		
53	洗澡	xǐ//zǎo	動+ 入浴する		
54	打扫	dǎsǎo	動 掃除する		
55	房间	fángjiān	名 部屋		
56	上网	shàng//wǎng	動+ インターネットに接続する，インターネットを利用する		
57	毕业	bì//yè	動+ 卒業する		
*	喂	wéi	感 もしもし		
*	打扰	dǎrǎo	動 邪魔をする		

第 11 课

1	期末	qīmò	名 期末
2	考	kǎo	動 試験を受ける
3	～完	wán	(補語として)～し終わる
4	次	cì	量 ～回
5	理想	lǐxiǎng	形 理想的だ、満足である
6	上	shàng	方 前の
7	比	bǐ	動 比べる
8	英语	Yīngyǔ	名 英語
9	比	bǐ	介 ～よりも
10	(一)点儿	(yì)diǎnr	数量 ちょっと
11	数学	shùxué	名 数学
12	没有	méiyǒu	(～ほど)…ない
13	每周	měizhōu	毎週
14	补习班	bǔxíbān	名 塾
15	成绩	chéngjì	名 成績
16	怎么	zěnme	代 どうして
17	别	bié	副 ～しないで
18	担心	dān//xīn	動+ 心配する
19	虽说～但…	suīshuō~dàn...	～とは言うものの…
20	快	kuài	形 速い
21	过去	guò//qu	動+ 過ぎ去る
22	好了	hǎo le	はい、わかった
23	～好	hǎo	(補語として)ちゃんと～し終わる
24	趟	tàng	量 〔往復の動作を数える〕
25	老家	lǎojiā	名 実家
26	再	zài	副 再び、さらに、もう(一度)
27	遍	biàn	量 〔初めから終わりまで一通りの動作を数える〕
28	顿	dùn	量 〔食事や叱責・殴打を数える〕
29	预习	yùxí	動 予習する
30	～懂	dǒng	(補語として)～して理解する

31	跑	pǎo	動 走る		
32	～累	lèi	(補語として)～して疲れる		
33	找	zhǎo	動 さがす		
34	～到	dào	(補語として)～に到る，目的に達する		
35	～错	cuò	(補語として)～し間違える		
36	很多	hěn duō	たくさん(の)		
37	字	zì	名 字		
38	钱	qián	名 お金		
39	～多了	duō le	ずっと～		
40	那么	nàme	代 あのように，あんなに		
41	高	gāo	形 高い		
42	一样	yíyàng	形 同じである		
43	衬衫	chènshān	名 シャツ，ブラウス		
44	不要	búyào	副 ～するな		
45	随便	suíbiàn	副 勝手に，自由に		
46	扔	rēng	動 捨てる		
47	垃圾	lājī	名 ゴミ		
48	开玩笑	kāi wánxiào	冗談を言う		
49	课文	kèwén	名 教科書の本文		
50	走	zǒu	動 歩く		
51	凉快	liángkuai	形 涼しい		
52	冬天	dōngtiān	名 冬		
53	暖和	nuǎnhuo	形 暖かい		
54	手套儿	shǒutàor	名 手袋		
55	迟到	chídào	動 遅刻する		
56	着急	zháo//jí	動+ 気をもむ，あせる		
57	生气	shēng//qì	動+ 怒る，腹を立てる		
*	请勿	qǐng wù	～しないでください		
*	拍照	pāi//zhào	動+ 写真を撮る		
*	游客	yóukè	名 観光客		
*	止步	zhǐ//bù	動+ 立ち止まる		
*	禁止	jìnzhǐ	動 禁止する		
*	吸烟	xī//yān	動+ タバコを吸う		

第12课

				漢字	ピンイン
1	春节	Chūnjié	名 春節，旧正月		
2	打算	dǎsuàn	動 ～するつもりだ		
3	国	guó	名 国		
4	本来	běnlái	副 元々は，本当は		
5	过年	guò//nián	動+ 年越しをする，新年を祝う		
6	但是	dànshì	接 しかし		
7	父母	fùmǔ	名 両親		
8	让	ràng	動 (誰々に)～させる，するように言う		
9	化妆品	huàzhuāngpǐn	名 化粧品		
10	是～的	shì ~ de	(どのように)～したのだ		
11	上星期	shàng xīngqī	先週		
12	百货商店	bǎihuò shāngdiàn	名 デパート		
13	太(～了)	tài (~ le)	副 とても～，～すぎる		
14	质量	zhìliàng	名 質		
15	上	shàng	動 上がる		
16	下	xià	動 下がる，下る		
17	进	jìn	動 入る		
18	出	chū	動 出る		
19	起	qǐ	動 起きる，起きあがる		
20	放	fàng	動 置く，入れる		
21	抽屉	chōuti	名 ひきだし		
22	宿舍	sùshè	名 宿舍，寮		
23	办公室	bàngōngshì	名 事務室，オフィス		
24	苹果	píngguǒ	名 リンゴ		
25	橘子	júzi	名 ミカン		
26	好好儿	hǎohāor	ちゃんと，しっかりと		
27	联系	liánxì	動 連絡する		
28	领带	lǐngdài	名 ネクタイ		
29	脏	zāng	形 汚い		

30	啤酒	píjiǔ	名 ビール			
31	医生	yīshēng	名 医者			
32	咸	xián	形 塩辛い			
33	去年	qùnián	名 去年			
34	电车	diànchē	名 電車，トロリーバス			
35	认识	rènshi	動 知っている，知り合う			
36	甜	tián	形 甘い			
37	肚子	dùzi	名 おなか			
38	舒服	shūfu	形 気持ちがよい			
*	位	wèi	量〔人を丁寧に数える〕			
*	教授	jiàoshòu	名 教授			

ステップアップ 1

			漢字	ピンイン
1	哥	gē	名 お兄ちゃん〔呼びかけ〕
2	道	dào	量〔問題などを数える〕
3	题	tí	名 問題
4	该	gāi	助動 ～すべきだ
5	解答	jiědá	動 解答する
6	把	bǎ	介 ～を
7	它	tā	代 それ
8	难	nán	形 難しい
9	连～也／都…	lián ~ yě/dōu...	～さえ…
10	这么	zhème	代 このように，こんなに
11	简单	jiǎndān	形 簡単だ
12	会	huì	動 わかる，できる
13	终于	zhōngyú	副 ついに，とうとう
14	明白	míngbai	動 わかる
15	如果～就…	rúguǒ ~ jiù...	もし～なら…
16	懂	dǒng	動 わかる
17	地方	dìfang	名 場所，ところ
18	应该	yīnggāi	助動 ～すべきだ
19	练习	liànxí	動 練習する
20	发音	fāyīn	名 発音
21	办	bàn	動 する，やる
22	晚	wǎn	形 (時間が)遅い
23	走	zǒu	動 出かける，立ち去る
24	椅子	yǐzi	名 椅子
25	行李	xíngli	名 荷物
26	搬	bān	動 運ぶ
27	那边	nèibiān	代 あちら
28	打印机	dǎyìnjī	名 プリンター
29	退	tuì	動 返品する

30	擦	cā	動	拭く，こする		
31	糟糕	zāogāo	形	(状況などが)まずい，しまった		
32	钥匙	yàoshi	名	カギ		
33	丢	diū	動	なくす		
34	还	huán	動	返す		
35	机会	jīhuì	名	機会，チャンス		
36	抱歉	bàoqiàn	動	すまなく思う		
37	真的	zhēnde	副	本当に		
38	办法	bànfǎ	名	方法		
39	帮助	bāngzhù	動	手助けする		
40	词	cí	名	ことば		
41	小孩儿	xiǎoháir	名	子ども		
42	了不起	liǎobuqǐ		たいしたものだ		
43	了解	liǎojiě	動	理解する		
44	情况	qíngkuàng	名	状況		
45	回答	huídá	動	答える		
46	门	mén	名	ドア，門		
47	关上	guān//shang	動+	ぴったり閉じる，閉める		
48	窗户	chuānghu	名	窓		
49	打开	dǎ//kāi	動+	開ける		
50	日元	Rìyuán	名	日本円		
51	换成~	huànchéng	動+	~に換える		
52	人民币	rénmínbì	名	人民元		
53	~前	~ qián	方	~する前		
54	洗	xǐ	動	洗う		
55	上海话	Shànghǎihuà	名	上海語		
56	首	shǒu	量	〔歌を数える〕		

ステップアップ 2

				漢字	ピンイン
1	老	lǎo	副 ずっと，つねに		
2	打哈欠	dǎ hāqian	あくびをする		
3	~起来	qǐlai	~してみると		
4	困	kùn	形 眠い		
5	样子	yàngzi	名 様子		
6	~时	shí	名 ~の時		
7	声音	shēngyīn	名 声，音		
8	被	bèi	介 (誰々に)~される		
9	吵醒	chǎo//xǐng	動+ 騒いで起こす		
10	一大早	yídàzǎo	名 早朝		
11	~得…	de	助 ~して…できる〔可能補語を構成する〕		
12	因为~所以…	yīnwèi ~ suǒyǐ…	なぜなら~なので…		
13	爱	ài	動 ~を好む，よく~する		
14	笑	xiào	動 笑う		
15	包	bāo	動 包む		
16	~上来	shànglai	口から出てくる		
17	~下去	xiàqu	~し続ける		
18	~出来	chūlai	(結果などが)出てくる		
19	背	bèi	動 暗唱する		
20	活	huó	動 生きる		
21	~不…	bu	助 ~して…できない〔可能補語を構成する〕		
22	~干净	gānjìng	(補語として)きれいにする，きれいになる		
23	箱子	xiāngzi	名 ① 箱 ② スーツケース		
24	慢点儿	màn diǎnr	(ちょっと)ゆっくり		
25	~清楚	qīngchu	(補語として)はっきりと~する		
26	叫	jiào	介 (誰々に)~される		
27	让	ràng	介 (誰々に)~される		
28	弄	nòng	動 いじる		

29	~坏	huài	(補語として)～して壊す，～してダメにする		
30	本子	běnzi	名 ノート		
31	偷	tōu	動 盗む		
32	~走	zǒu	(補語として)～して(どこかへ)行ってしまう		
33	批评	pīpíng	動 叱る		
34	大家	dàjiā	代 皆，皆さん		
35	选为~	xuǎnwéi	動+ ～に選ぶ		
36	代表	dàibiǎo	名 代表		
37	突然	tūrán	形 突然		
38	哭	kū	動 泣く		
39	容易	róngyì	形 簡単である，容易である		
40	广播	guǎngbō	名 放送		
41	地图	dìtú	名 地図		
42	黑板	hēibǎn	名 黒板		
43	万里长城	Wànlǐ Chángchéng	名 万里の長城		
44	世界	shìjiè	名 世界		
45	文化	wénhuà	名 文化		
46	遗产	yíchǎn	名 遺産		

ステップアップ 3

			漢字	ピンイン
1	妈	mā	名 母さん〔呼びかけ〕	
2	敲	qiāo	動 叩く	
3	～死了	sǐle	すごく～	
4	不是～吗	bú shì ~ ma	～ではないのか？	
5	不见了	bú jiàn le	なくなった，見当たらない	
6	只	zhǐ	副 ただ，だけ	
7	是不是～	shì bu shì	～じゃない？	
8	来不及	láibují	間に合わない	
9	怎么会～	zěnme huì	どうして～があろうか	
10	饭桌	fànzhuō	名 食卓	
11	留	liú	動 残す，留める	
12	纸条	zhǐtiáo	名 メモ	
13	噢	o	間 おお，ああ	
14	原来	yuánlái	副 実は，なんと	
15	车胎	chētāi	名 タイヤ	
16	爆	bào	動 破裂する	
17	～得了	deliǎo	～しきれる	
18	～不了	buliǎo	～しきれない	
19	多	duō	形 多い	
20	装	zhuāng	動 詰め込む，入れる	
21	袋子	dàizi	名 袋	
22	这时候	zhè shíhou	このとき	
23	～得起	deqǐ	（金銭面などの都合で）～できる	
24	～不起	buqǐ	（金銭面などの都合で）～できない	
25	价钱	jiàqian	名 値段	
26	房租	fángzū	名 家賃	
27	租	zū	動 レンタルする	
28	舍不得	shěbude	惜しい	
29	谈得来	tándelái	話が合う	

30	墙	qiáng	名 壁		
31	杂志	zázhì	名 雑誌		
32	挂	guà	動 掛ける		
33	前面	qiánmian	方 前，前方		
34	辆	liàng	量 〔車を数える〕		
35	车	chē	名 車		
36	搬	bān	動 引っ越す		
37	红色	hóngsè	名 赤		
38	酸	suān	形 酸っぱい		
39	怎么会／能～	zěnme huì/néng	どうして～できようか		
40	早就	zǎojiù	とっくに		
41	刚	gāng	副 ～したばかりだ		
42	才	cái	副 やっと，ようやく		
43	贴	tiē	動 貼る		
44	海报	hǎibào	名 ポスター		
45	医院	yīyuàn	名 病院		
46	新	xīn	形 新しい		
47	书架	shūjià	名 本棚		
48	少	shǎo	形・動 ① 少ない ② 欠ける		
49	种	zhǒng	量 ～種		
50	零花钱	línghuāqián	名 小遣い		

ステップアップ 4

1	点	diǎn	動 注文する
2	甜品	tiánpǐn	名 デザート，甘いもの
3	请客	qǐng//kè	動+ おごる
4	发财	fā//cái	動+ 金持ちになる
5	就	jiù	副 (前節を受け)ならば〜
6	不客气	bú kèqi	遠慮しない
7	老是	lǎoshì	副 ずっと，いつも
8	笑眯眯的	xiàomīmīde	にこにこして嬉しそうな様子
9	下周	xiàzhōu	来週
10	欸	ei	間 えっ
11	以前	yǐqián	名 以前
12	祝	zhù	動 〜でありますように
13	愉快	yúkuài	形 楽しい
14	旅行	lǚxíng	動 旅行する
15	希望	xīwàng	動 希望する，望む
16	哪天	něi tiān	いつの日か
17	爬	pá	動 登る
18	外国	wàiguó	名 外国
19	疼	téng	形 痛い
20	高兴	gāoxìng	形 嬉しい
21	愿意	yuànyì	動 願う，望む
22	好像	hǎoxiàng	副 (どうも)〜のようだ
23	饺子	jiǎozi	名 ギョーザ
24	药	yào	名 薬
25	苦	kǔ	形 苦い

しっかり
初級中国語

石田友美・桑野弘美・島田亜実・鈴木ひろみ　著

白水社

───── 音声ダウンロード ─────

付属CDと同じ内容を、白水社ホームページ（www.hakusuisha.co.jp/download/）からダウンロードすることができます。（お問い合わせ先：text@hakusuisha.co.jp）

装丁　折原カズヒロ
イラスト　水野朋子

はじめに

このテキストは初修中国語の授業向けに作成したものです。基本となる12課に加え，ステップアップとして4課分を用意してありますので，さまざまなクラスに対応可能です。

各課の構成は次のとおりです。

1.	課文	日本人の父と中国人の母を持つ大学生と，その友人や家族との自然な会話になっています。
2.	ポイント	初級で学ぶべき文法のポイントを簡潔にまとめました。
3.	トレーニング	ポイントの各項目に対応した比較的平易な練習問題を配置しました。ポイントと並行して取り組むことで文法事項の整理ができます。
4.	総合練習	聞きとりを含めた総合的な問題を用意しました。
5.	说说看	各課のポイントに関連して，覚えておくと便利な一言などを追加しました (第1～12課のみ)。

予習や復習に便利なよう，使用語句のリスト（ピンイン順）を巻末に配したほか，よく使う量詞などは付録としてまとめました。

付属CDには，容文育先生，凌慶成先生による生き生きとした家族のやり取りが収録されています。ぜひ活用し，発音や表現の習得の助けとしてください。

使用語彙は，中国語教育学会発行の『中国語初級段階学習指導ガイドライン』(2007年3月 http://www.jacle.org/storage/guideline.pdf) において2年間で学ぶ語彙の目安として掲げられた「学習語彙表」(1000語) を参考に選びました。特に第一表 (600語) に含まれるものを優先し，約76％を取り上げています。

本文にはそのまま使える用例が多数ありますので，できれば語句とともに例文も暗記して，中国語の基礎をしっかり固めましょう。

2015年10月

著　者

目　次

発　音 …………………………………………………………………………… *6*
ウォーミングアップ …………………………………………………………… *10*

| 第1课 | 何を食べるの？
——母とふたりで喫茶店 | 1 人称代詞
2 動詞述語文
3 疑問詞疑問文
4 省略疑問文 | *13* |

| 第2课 | それって中国語の新聞？
——図書館での出会い | 1 指示代詞
2 名詞の前の修飾語
3 動詞"是"の文
4 YES/NOで答える疑問文 | *17* |

| 第3课 | かわいい！
——散歩中の偶然 | 1 形容詞述語文
2 主述述語文
3 "喜欢"
4 選択疑問文 | *21* |

| 第4课 | 何人家族？
——いろいろ話してみよう | 1 数量の数え方
2 動詞"有"の文
3 "几"と"多少"
4 助動詞"想" | *25* |

| 第5课 | 家はどこ？
——もっと知りたい | 1 方位詞
2 動詞"在"の文
3 介詞"在"
4 介詞"离" | *29* |

| 第6课 | ごはん食べた？
——その頃の山本家 | 1 連動文
2 介詞"跟"
3 助動詞"要"
4 文末の"了" | *33* |

| 第7课 | 1枚あげるよ
——映画の約束 | 1 動詞の後の"了"と文末の"了"
2 目的語を一度に2つ取れる動詞
3 時刻の言い方
4 介詞"从" | *37* |

| 第8课 | ちょっと見せて
——いっしょに買い物 | 1 動詞の重ね型と動作量"一下"
2 介詞"给"
3 助動詞"可以"
4 100以上の数 | *41* |

| 第9课 | 中国語話せるよ
――妹のチャイナドレス | 1 過去の経験を表す助詞 "过"
2 持続を表す助詞 "着"
3 助動詞 "能"
4 助動詞 "会" | 45 |

| 第10课 | まだ食事中？
――母からの電話 | 1 時間量を表す語句
2 様態補語
3 進行の表現
4 "快～了；要～了；就要～了" | 49 |

| 第11课 | 心配しないで
――娘の成績 | 1 回数を表す語句
2 結果補語
3 比較の言い方
4 副詞 "不要、別" | 53 |

| 第12课 | 両親が帰ってくるようにって
――旧正月の予定 | 1 方向補語
2 使役の言い方
3 "(是)～的" 構文
4 "有点儿" と "一点儿" | 57 |

よく使う語句のまとめ …… 61

| ステップアップ 1 | どうやって解いたらいい？
――数学の宿題 | 1 助動詞 "该、应该"
2 介詞 "把"
3 "有" を使った補足
4 強調構文(1) | 65 |

| ステップアップ 2 | 起こされちゃった
――早朝の電話 | 1 方向補語の派生用法
2 可能補語(1)
3 受け身の言い方 | 69 |

| ステップアップ 3 | 出かけるんじゃなかったの？
――母の自転車 | 1 可能補語(2)
2 存現文
3 反語文 | 73 |

| ステップアップ 4 | 全然知らなかった
――意外な真実 | 1 疑問詞の不定用法
2 疑問詞の呼応用法
3 強調構文(2) | 77 |

語句リスト …… 81

発 音

0　これから学ぶ中国語とは

　私たちが「中国語」と呼んでいる言語は，中国では"中文""汉语〔漢語〕"などと呼ばれます。"汉语"とは漢民族の言語という意味です。中国は56の民族からなる多民族国家ですが，その中でも90％以上を漢民族が占めているためです。また，中国は日本の約26倍もの広大な国土を有しているため方言の差が激しく，漢民族同士でも全く通じないこともあります。このため，"普通话〔普通話〕"と呼ばれる共通語が定められており，これは有力な方言のひとつである北京語の音声を基礎としています。

　中国では簡体字と呼ばれる簡略化された字体を正規の文字として定めています。日本の常用漢字と形が異なるものも多いので注意が必要です。元々の画数が多い漢字は繁体字と呼ばれ，台湾や香港，その他海外の華僑社会ではこちらの文字を使用しています。

常用漢字	簡体字	繁体字		常	簡	繁		常	簡	繁
亜	亚	亞		華	华	華		湾	湾	灣

　発音は漢字を見ただけではわからないので，「ピンイン」（"拼音字母"）と呼ばれる発音を表すローマ字を使って表記します。「ピンイン」はパソコンなどの入力や辞書の検索にも必須となるものです。発音と表記を正しく結びつけて覚えましょう。

1　声　調

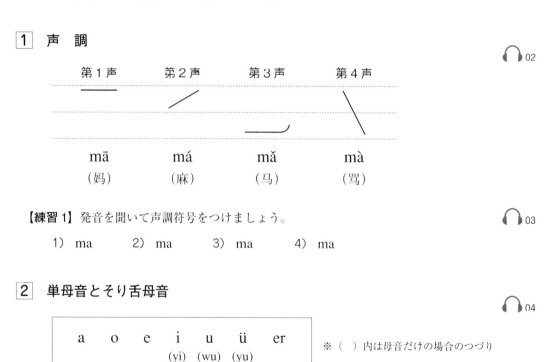

　　　　第1声　　　　第2声　　　　第3声　　　　第4声

　　　　　mā　　　　　má　　　　　mǎ　　　　　mà
　　　　　（妈）　　　（麻）　　　（马）　　　（骂）

【練習1】発音を聞いて声調符号をつけましょう。

　1) ma　　2) ma　　3) ma　　4) ma

2　単母音とそり舌母音

```
a    o    e    i    u    ü    er
              (yi) (wu) (yu)
```
※（　）内は母音だけの場合のつづり

【練習2】それぞれの違いに注意して発音しましょう。 🎧05

1) a － o　　2) a － e　　3) o － wu (u)　　4) e － wu (u)

5) yi (i) － yu (ü)　　6) wu (u) － yu (ü)

3　複合母音 🎧06

ai	ei	ao	ou	
ia	ie	ua	uo	üe
(ya)	(ye)	(wa)	(wo)	(yue)
iao	iou	uai	uei	
(yao)	(you)	(wai)	(wei)	

◆ 声調符号の位置

i につけるときは点を取る。→ ī í ǐ ì

◆ 子音の有無によるつづりの違い

iou → iu： liu
uei → ui： hui

【練習3】発音を聞いて正しい位置に声調符号をつけましょう。 🎧07

1) ai　　2) ya (ia)　　3) ao　　4) yao (iao)　　5) wa (ua)

6) wai (uai)　　7) ei　　8) ye (ie)　　9) yue (üe)　　10) wei (uei)

11) ou　　12) wo (uo)　　13) you (iou)

4　子　音 🎧08

	無気音	有気音			
1 唇音	b	p	m	f	(o)
2 舌尖音	d	t	n	l	(e)
3 舌根音	g	k	h		(e)
4 舌面音	j	q	x		(i)
5 そり舌音	zh	ch	sh	r	(i)
6 舌歯音	z	c	s		(i)

【練習4】有気音と無気音の違いに注意して発音しましょう。 🎧09

1) bo － po　　2) de － te　　3) ge － ke　　4) ji － qi

5) zhi － chi　　6) zi － ci

【練習5】それぞれの違いに注意して発音しましょう。 🎧10

1) ji － zhi － zi　　2) qi － chi － ci　　3) xi － shi － si

4) ni － li － ri　　5) ku － hu － fu

5 n / ng 付母音

an	ang	en	eng	in (yin)	ing (ying)
ian (yan)	iang (yang)	uen (wen)	ueng (weng)	ün (yun)	iong (yong)
uan (wan)	uang (wang)		-ong		
üan (yuan)					

◆ j, q, x に続く ü のつづり
　+ ü → ju qu xu
　+ üe → jue que xue
　+ üan → juan quan xuan
　+ ün → jun qun xun

◆ 子音の有無によるつづりの違い
　uen → un： hun

【練習6】どちらが先に発音されたかをチェックしましょう。

1) an − ang　　2) en − eng　　3) yin (in) − ying (ing)
4) wen (uen) − weng (ueng)　　5) yun (ün) − yong (iong)
6) yan (ian) − yuan (üan)　　7) yin (in) − yun (ün)

【練習7】それぞれの違いに注意して発音しましょう。

1) jī − jū　　2) sì − xì　　3) cì − cè − cù　　4) zǐ − jǐ − zhǐ
5) qì − qù − kù　　6) què − guì　　7) xùn − shùn − sùn
8) cháng − chéng − chén　　9) páng − péng　　10) jiāng − zhāng

【練習8】発音を聞いてピンインのぬけている部分を書き入れましょう。

1) c__　2) __ùn　3) ch__　4) q__　5) __ǐ　6) __ì　7) p__　8) __ù

【練習9】数字の0〜10を発音しましょう。

líng	yī	èr	sān	sì	wǔ	liù	qī	bā	jiǔ	shí
零／○	一	二	三	四	五	六	七	八	九	十

6 r 化

huār　　wánr　　xiǎoháir
花儿　　玩儿　　小孩儿

7 軽　声

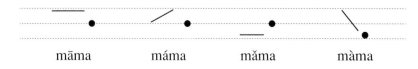

māma　　máma　　mǎma　　màma

8 第3声の変調

第3声＋第1・2・4声；軽声

kǎoyā	cǎoméi	chǎofàn	jiǎozi
烤鸭	草莓	炒饭	饺子

※ 3つ以上並ぶ場合は習慣的な区切り方による。

第3声＋第3声

shuǐguǒ	Nǐ hǎo！
水果	你好！

Mǐlǎoshǔ	yī jiǔ jiǔ jiǔ nián
米老鼠	一九九九年

9 "一 yī" と "不 bù" の変調

一 yì ＋ 第1・2・3声

yìqiān	yìshí	yìbǎi
一千	一时	一百

一 yí ＋ 第4声

yíwàn
一万

※ 序数や日付では一 yī のまま。

dì yī yè	yīyuè
第 一 页	一月

不 bù ＋ 第1・2・3声

bù chī	bù xíng	bù hǎo
不吃	不行	不好

不 bú ＋ 第4声

bú qù
不去

【練習10】変調に注意して声調符号を書き入れましょう。

1) yiyàng   2) yiqǐ   3) yi huí   4) yixiē   5) dì yi kè
   一样   一起   一回   一些   第 一 课

6) bu lái   7) bu kàn
   不来   不看

10 声調の組み合わせ

▶ 第3声の変調に注意しましょう。

	＋第1声	＋第2声	＋第3声	＋第4声	＋軽声
第1声	Zhōngcūn 中村	Gāoqiáo 高桥	Shānběn 山本	Ābù 阿部	sān ge 三 个
第2声	Tiánzhōng 田中	Shíyuán 石原	Píngjǐng 平井	Língmù 铃木	shí ge 十 个
第3声	Xiǎochuān 小川	Zuǒténg 佐藤	Bǎnkǒu 坂口	Jǐngshàng 井上	wǔ ge 五 个
第4声	Dùbiān 渡边	Tàitián 太田	Dàyě 大野	Mùxià 木下	sì ge 四 个

ウォーミングアップ

1 あいさつ 🎧22

こんにちは。	你 好！ Nǐ hǎo!	さようなら。	再见！ Zàijiàn!
ありがとう。	谢谢！ Xièxie!	どういたしまして。	不 客气！ Bú kèqi!
ごめんなさい。	对不起！ Duìbuqǐ!	かまいません。	没 关系！ Méi guānxi!

2 名前の尋ね方と答え方

お名前は？（姓のみ丁寧に尋ねる）　　您 贵姓？
　　　　　　　　　　　　　　　　　　Nín guìxìng?

私の名字は山本です。　　　　　　　　我 姓 山本。
　　　　　　　　　　　　　　　　　　Wǒ xìng Shānběn.

お名前は？（フルネームを尋ねる）　　你 叫 什么 名字？
　　　　　　　　　　　　　　　　　　Nǐ jiào shénme míngzi?

私の名前は山本亮平です。　　　　　　我 叫 山本 亮平。
　　　　　　　　　　　　　　　　　　Wǒ jiào Shānběn Liàngpíng.

▶ 自分の名前を答えてみましょう。

我 姓 ＿＿＿＿＿＿＿。　　　　我 叫 ＿＿＿＿＿＿＿＿＿。
Wǒ xìng　　　　　　　　　　　　Wǒ jiào

関連表現

お会いできてうれしいです。	认识 您 很 高兴。 Rènshi nín hěn gāoxìng.
どうぞよろしく。	请 多 多 指教。 Qǐng duō duō zhǐjiào.
どうお呼びしたらよいですか。	怎么 称呼 您？ Zěnme chēnghu nín?
私は山本香です，"香香"と呼んでください。	我 叫 山本 香, 请 叫 我 香香。 Wǒ jiào Shānběn Xiāng, qǐng jiào wǒ Xiāngxiang.

---

3 数字 11〜99

十一、十二 … 二十、二十一、二十二 … 三十四 … 五十六 … 七十八 … 九十九
shíyī　shí'èr　　èrshí　èrshiyī　èrshi'èr　　sānshisì　　wǔshiliù　　qīshibā　　jiǔshijiǔ

※ "十二 shí'èr" のように a, o, e で始まる音節が単語の途中に来る場合には，隔音符号「'」で区切る。

4　日付の言い方 🎧23

今日は何月何日何曜日？　　　　　　今天　几　月　几　号，星期几？
　　　　　　　　　　　　　　　　　Jīntiān jǐ yuè jǐ hào, xīngqījǐ?

今日は［1］月［2］日［水］曜日です。　今天［一］月［二］号，星期［三］。
　　　　　　　　　　　　　　　　　Jīntiān [yī] yuè [èr] hào, xīngqī [sān].

二 〇 一 六 年　　　　　一月　　二月　～　十二月
èr líng yī liù nián　　　yīyuè　èryuè　　shí'èryuè

星期日／天 xīngqīrì　tiān	星期一 xīngqīyī	星期二 xīngqī'èr	星期三 xīngqīsān	星期四 xīngqīsì	星期五 xīngqīwǔ	星期六 xīngqīliù
	一号 yī hào	二号 èr hào	三号 sān hào	四号 sì hào	五号 wǔ hào	六号 liù hào
七号 qī hào	八号 bā hào	九号 jiǔ hào	十号 shí hào	十一号 shíyī hào	十二号 shí'èr hào	十三号 shísān hào
十四号 shísì hào	十五号 shíwǔ hào	十六号 shíliù hào	十七号 shíqī hào	十八号 shíbā hào	十九号 shíjiǔ hào	二十号 èrshí hào
二十一号 èrshiyī hào	二十二号 èrshi'èr hào	二十三号 èrshisān hào	二十四号 èrshisì hào	二十五号 èrshiwǔ hào	二十六号 èrshiliù hào	二十七号 èrshiqī hào
二十八号 èrshibā hào	二十九号 èrshijiǔ hào	三十号 sānshí hào	三十一号 sānshiyī hào			

5　授業用語

① 今から授業を始めます。　　　　　　現在　开始　上课。
　　　　　　　　　　　　　　　　　Xiànzài kāishǐ shàngkè.

② 出席をとります。　　　　　　　　　现在　点名。
　　　　　　　　　　　　　　　　　Xiànzài diǎnmíng.

③ ［13］ページを見てください。　　　请　看　第［十三］页。
　　　　　　　　　　　　　　　　　Qǐng kàn dì [shísān] yè.

④ ［山本］さん，答えてください。　　［山本］，请　回答　问题。
　　　　　　　　　　　　　　　　　[Shānběn], qǐng huídá wèntí.

⑤ もう一度言ってください。　　　　　请　再　说　一　遍。
　　　　　　　　　　　　　　　　　Qǐng zài shuō yí biàn.

⑥ もうちょっとゆっくり話してください。请　慢　点儿　说。
　　　　　　　　　　　　　　　　　Qǐng màn diǎnr shuō.

⑦ また来週。　　　　　　　　　　　下　星期　见！
　　　　　　　　　　　　　　　　　Xià xīngqī jiàn!

中国語の標点符号

，	意味の区切りに用いる	、	並列を表す	:	セリフや説明の前に置く
。	文末に置く	？	疑問文の文末に置く	！	文末で驚きや感嘆を表す

登場人物紹介

山本 亮平
Shānběn Liàngpíng
〔山本亮平〕
大学1年生

刘 丽
Liú Lì
〔劉麗〕
中国からの留学生

山本 贵志
Shānběn Guìzhì
〔山本貴志〕
亮平の父

山本 静
Shānběn Jìng
〔山本静〕
亮平の母（中国名：李静 Lǐ Jìng）

山本 香
Shānběn Xiāng
〔山本香〕
亮平の妹（愛称：香香 Xiāngxiang）

奶茶
Nǎichá
〔ミルクティー〕
山本家の飼い犬

第 1 课 Dì yī kè — 何を食べるの？——母とふたりで喫茶店

妈妈 māma： 我 喝 咖啡，你 呢？
　　　　　 Wǒ hē kāfēi, nǐ ne?

亮平 Liàngpíng： 我 不 喝 咖啡，喝 红茶。
　　　　　　　 Wǒ bù hē kāfēi, hē hóngchá.

妈妈： 你 吃 什么？
　　　 Nǐ chī shénme?

亮平： 我 吃 蛋糕。
　　　 Wǒ chī dàngāo.

妈妈： 我 也 吃 蛋糕。
　　　 Wǒ yě chī dàngāo.

・・・・・・・・・・

亮平： 妈妈，您 先 回 家 吧。
　　　 Māma, nín xiān huí jiā ba.

妈妈： 你 去 哪儿？
　　　 Nǐ qù nǎr?

亮平： 我 去 图书馆。
　　　 Wǒ qù túshūguǎn.

【語句】

第 dì～课 kè：第～課　　妈妈 māma：母さん　　亮平 Liàngpíng：亮平　　我 wǒ：私　　喝 hē：飲む　　咖啡 kāfēi：コーヒー　　你 nǐ：あなた　　呢 ne：～は？　　不 bù：～しない　　红茶 hóngchá：紅茶　　吃 chī：食べる　　什么 shénme：何　　蛋糕 dàngāo：ケーキ　　也 yě：～も，また　　您 nín：あなた〔敬語〕　　先 xiān：先に　　回 huí：帰る　　家 jiā：家　　吧 ba：～してください　　去 qù：行く　　哪儿 nǎr：どこ　　图书馆 túshūguǎn：図書館

ポイント1

1 人称代詞 🎧26

	1人称	2人称	3人称
単数	我 wǒ	你 / 您 nǐ　nín	他 / 她 tā　tā
複数	我们（咱们） wǒmen (zánmen)	你们 nǐmen	他们 / 她们 tāmen　tāmen

※ "您"は「あなた」の丁寧な言い方。"咱们"は聞き手を含む「私たち」。

2 「～を…する」「～へ…する」── 動詞述語文

主語（＋修飾語）＋動詞（＋目的語）

① 我 吃 面包。
　 Wǒ chī miànbāo.

② 他 来 日本。
　 Tā lái Rìběn.

③ 她 不 喝 咖啡。
　 Tā bù hē kāfēi.

④ 他们 不 去 东京。
　 Tāmen bú qù Dōngjīng.

⑤ 我们 也 去 中国。
　 Wǒmen yě qù Zhōngguó.

⑥ 他 也 不 看 漫画。
　 Tā yě bú kàn mànhuà.

→ トレーニング1 [a]

3 「何？」「誰？」「どこ？」── 疑問詞疑問文

◆ 尋ねたい部分を疑問詞に置き換える。

① 你 喝 什么？
　 Nǐ hē shénme?

　 ― 我 喝 茶。
　　　Wǒ hē chá.

② 你 喝 什么 茶？
　 Nǐ hē shénme chá?

　 ― 我 喝 红茶。
　　　Wǒ hē hóngchá.

③ 谁 去 北京？
　 Shéi qù Běijīng?

　 ― 他 去 北京。
　　　Tā qù Běijīng.

④ 你们 去 哪儿？
　 Nǐmen qù nǎr?

　 ― 我们 去 图书馆。
　　　Wǒmen qù túshūguǎn.

→ トレーニング1 [b]

4 「～は？」── 省略疑問文

名詞／代詞＋"呢"？

① 我 吃 米饭，你 呢？
　 Wǒ chī mǐfàn, nǐ ne?

② 我 不 去，你 呢？
　 Wǒ bú qù, nǐ ne?

→ トレーニング1 [c]

トレーニング1

ⓐ 表中の単語を組み合わせて「ダレは～を…する」と言ってみましょう。

主語 「ダレは」	修飾語（副詞） 「～しない」「～も」	動詞 「…する」	目的語 「～を／～へ」
我 wǒ 你 nǐ 您 nín 他 / 她 tā tā 我们 wǒmen 你们 nǐmen 他们 / 她们 tāmen tāmen	不 bù 也 yě	吃 chī 喝 hē 来 lái 去 qù 看 kàn	蛋糕 / 米饭 / 面包 dàngāo mǐfàn miànbāo （ケーキ）（ご飯）（パン） 咖啡 / 茶 / 红茶 kāfēi chá hóngchá （コーヒー）（茶）（紅茶） 中国 / 日本 Zhōngguó Rìběn （中国）（日本） 北京 / 东京 Běijīng Dōngjīng （北京）（東京） 电视 / 漫画 diànshì mànhuà （テレビ）（漫画）

ⓑ 下線部が答えになるように疑問文を作りましょう。

例) 他 喝 <u>咖啡</u>。 → 他 喝 什么？
　　Tā hē kāfēi.　　　Tā hē shénme?

1) 他 吃 <u>面包</u>。
　 Tā chī miànbāo.

2) 他 看 <u>漫画</u>。
　 Tā kàn mànhuà.

3) <u>她们</u> 来 中国。
　 Tāmen lái Zhōngguó.

4) 他 去 <u>大学</u>。
　 Tā qù dàxué.

＊大学：大学

ⓒ ⓐの表を参考に「私は～するけど，あなたは？」と尋ねてみましょう。

我 ＿＿＿＿＿＿＿＿，你 呢？
Wǒ　　　　　　　　 nǐ ne?

総合練習1

1 発音を聞いて（ ）に漢字とピンインを書き入れなさい。 🎧27

1) 看 （　　　） 2) （　　　） 米饭
　（　　　） mànhuà 　　chī （　　　）

3) （　　　） 日本 4) 去 （　　　）
　lái （　　　） 　（　　　） Dōngjīng

2 日本語に合うように語句を並べ替えなさい。

1) （あなた方は）先に行ってください。
〔 去 / 吧 / 先 / 你们 / 。〕
　qù　　ba　　xiān　　nǐmen

2) 母は紅茶を飲み，コーヒーを飲みません。
〔 红茶 / 喝 / 喝 / 不 / 妈妈 / 咖啡 / , / 。〕
　hóngchá　hē　hē　bù　māma　kāfēi

3) 彼もケーキを食べません。
〔 吃 / 也 / 他 / 蛋糕 / 不 / 。〕
　chī　yě　tā　dàngāo　bù

3 日本語を中国語に訳し，漢字・ピンインで書きなさい。

1) 私はテレビをみるけど，あなたは？

2) 彼女も中国に帰ります。

3) あなたがたは何茶を飲みますか？

4) 彼はどこに行くの？―― 彼は図書館へ行く。

说说看　「～しなさい」「～しよう」　🎧28

你　来　吧！　　　　　　　我们　学习　汉语　吧！
Nǐ　lái　ba!　　　　　　　Wǒmen　xuéxí　Hànyǔ　ba!
おいでよ！　　　　　　　　中国語を勉強しよう！

第 2 课 Dì èr kè　それって中国語の新聞？——図書館での出会い

刘丽：你 好！这 是 不 是 中文 报？
Liú Lì　Nǐ hǎo! Zhè shì bu shì Zhōngwén bào?

亮平：是 啊，你 是 中国人 吗？
　　　Shì a, nǐ shì Zhōngguórén ma?

刘丽：我 是 中国 留学生，你 也 是 中国人 吗？
　　　Wǒ shì Zhōngguó liúxuéshēng, nǐ yě shì Zhōngguórén ma?

亮平：我 爸爸 是 日本人，我 妈妈 是 中国人。
　　　Wǒ bàba shì Rìběnrén, wǒ māma shì Zhōngguórén.

刘丽：你 是 哪个 系 的 学生？
　　　Nǐ shì něige xì de xuésheng?

亮平：我 是 经济 系 一 年级 的 学生，叫 山本 亮平。
　　　Wǒ shì jīngjì xì yī niánjí de xuésheng, jiào Shānběn Liàngpíng.

　　　你 叫 什么 名字？
　　　Nǐ jiào shénme míngzi?

刘丽：我 姓 刘，叫 刘 丽。是 国际 系 一 年级 的
　　　Wǒ xìng Liú, jiào Liú Lì. Shì guójì xì yī niánjí de

　　　学生。
　　　xuésheng.

【語句】

刘丽 Liú Lì：劉麗〔人名〕　　你好 nǐ hǎo：こんにちは　　这 zhè：これ，それ　　是 shì：～は…だ　　中文 Zhōngwén：中国語　　报 bào：新聞　　是啊 shì a：そう〔肯定の返答に用いる〕　　中国人 Zhōngguórén：中国人　　吗 ma：～か？　　留学生 liúxuéshēng：留学生　　爸爸 bàba：父さん　　日本人 Rìběnrén：日本人　　哪个 něige：どの　　系 xì：学部，学科　　～的 de …：～の…　　学生 xuésheng：学生　　经济 jīngjì：経済　　年级 niánjí：学年　　叫 jiào：(名を)～という　　名字 míngzi：名前　　姓 xìng：(姓を)～という　　国际 guójì：国際

ポイント2

1 指示代詞 🎧31

	こ	そ	あ	ど
	这 zhè	那 nà		哪 nǎ
単数	这个 zhèige / zhège	那个 nèige / nàge		哪个 něige / nǎge
複数	这些 zhèixiē / zhèxiē	那些 nèixiē / nàxiē		哪些 něixiē / nǎxiē
場所	这儿 / 这里 zhèr　　zhèli	那儿 / 那里 nàr　　nàli		哪儿 / 哪里 nǎr　　nǎli

※"这、那、哪"は目的語の位置で使わない。また、"哪"はふつう単独で使わない。

2 「〜の…」── 名詞の前の修飾語

修飾語＋"的"（＋名詞）

① 我 的 课本
　 wǒ de kèběn

② 谁 的 （手机）
　 shéi de (shǒujī)

③ 他 买 的 词典
　 tā mǎi de cídiǎn

人称代詞（＋"的"）＋親族・所属先など

④ 我 （的） 哥哥
　 wǒ (de) gēge

⑤ 他们 （的） 公司
　 tāmen (de) gōngsī

名詞＋名詞

⑥ 韩国 老师
　 Hánguó lǎoshī

→トレーニング2 ⓐ

3 「AはBだ」── 動詞"是"の文

A "是" B

① 我 是 大学生。
　 Wǒ shì dàxuéshēng.

② 这 不 是 英文 书。
　 Zhè bú shì Yīngwén shū.

③ 我 妹妹 也 是 大学生。
　 Wǒ mèimei yě shì dàxuéshēng.

④ 这些 雨伞 都 是 我 的。
　 Zhèixiē yǔsǎn dōu shì wǒ de.

→トレーニング2 ⓑ

4 「〜しますか？」「〜ですか？」── YES／NOで答える疑問文

〜"吗"？

① 你 喝 咖啡 吗？
　 Nǐ hē kāfēi ma?

② 他 是 中国人 吗？
　 Tā shì Zhōngguórén ma?

③ 你 也 买 这个 吗？
　 Nǐ yě mǎi zhèige ma?

肯定＋否定？

你 喝 不 喝 咖啡？
Nǐ hē bu hē kāfēi?

他 是 不 是 中国人？
Tā shì bu shì Zhōngguórén?

（× 你也买不买这个？）

答え方

喝。／ 不 喝。
Hē. Bù hē.

是。／ 不 是。
Shì. Bú shì.

→トレーニング2 ⓒ

トレーニング 2

a 次の日本語にあたる中国語を言ってみましょう。

1) 彼の教科書
2) 中国語の本
3) 私の妹
4) 彼らの大学
5) 日本人留学生
6) 私が買った辞書

b 表中の単語を組み合わせて「AはBです」と言ってみましょう。

A〔主語〕	修飾語（副詞）	動詞	B〔目的語〕
我 / 我们 wǒ　wǒmen 这 / 这些 zhè　zhèixiē	不 bù 也 yě 都 dōu	是 shì	日本人 / 大学生 Rìběnrén　dàxuéshēng 中文 书 / 英文 报 Zhōngwén shū　Yīngwén bào 她 的 词典 / 我 爸爸 的 书 tā de cídiǎn　wǒ bàba de shū

c 例にならって疑問文を2つずつ作り，肯定と否定で答えましょう。

例) 你 / 看 / 漫画　→　你看漫画吗？　你看不看漫画？　看。/ 不看。
　　nǐ　kàn　mànhuà

1) 你 / 吃 / 蛋糕
　　nǐ　chī　dàngāo

2) 她 / 去 / 东京
　　tā　qù　Dōngjīng

3) 他 / 是 / 日本人
　　tā　shì　Rìběnrén

4) 这 / 是 / 你 的 钱包
　　zhè　shì　nǐ de qiánbāo

＊钱包：財布

d [什么 / 谁 / 哪个 / 哪儿] をそれぞれ1回ずつ使い，対話を完成させましょう。

1) 你 买 (　　　　) ？　— 我 买 这个。
　　Nǐ mǎi　　　　　　　　Wǒ mǎi zhèige.

2) 你 去 (　　　　) ？　— 我 去 学校。
　　Nǐ qù　　　　　　　　　Wǒ qù xuéxiào.
　　　　　　　　　　　　　　　　　　　　　＊学校：学校

3) 这些 书 是 (　　　　) 的？　— 这些 都 是 我 的。
　　Zhèixiē shū shì　　　de ?　　Zhèixiē dōu shì wǒ de.

4) 这 是 (　　　　) 书？　— 这 是 中文 课本。
　　Zhè shì　　　　　shū ?　　　Zhè shì Zhōngwén kèběn.

総合練習2

1 発音を聞いて（ ）に漢字とピンインを書き入れ，ピンインには声調符号もつけなさい。 🎧32

1) 我 （　　　） 2) （　　　） 学生
   （　　　） baba　　Rìben （　　　）

3) （　　　） 报 4) 他 的 （　　　）
   Zhōngwén （　　　） （　　）（　　） kèben

2 日本語に合うように語句を並べ替えなさい。

1) あなたはどの学科の学生ですか？
   〔 是 / 的 / 哪个 / 你 / 学生 / 系 / ？〕
   　 shì　 de　 něige　 nǐ　 xuésheng　 xì

2) これは誰の携帯電話ですか？
   〔 手机 / 谁 / 是 / 的 / 这 / ？〕
   　 shǒujī　 shéi　 shì　 de　 zhè

3) あれらの本は全て私の兄が買ったものです。
   〔 是 / 哥哥 / 我 / 那些 / 买 / 书 / 都 / 的 / 。〕
   　 shì　 gēge　 wǒ　 nèixiē　 mǎi　 shū　 dōu　 de

3 日本語を中国語に訳し，漢字・ピンインで書きなさい。

1) 彼は中国人留学生ですか？（2通り）

2) あれは彼のです。私のはこれです。

3) 彼女は誰ですか？―― 私の妹です。

4) ここはどこですか？

说说看　自己紹介 🎧33

我 姓 _____，叫 _____。
Wǒ xìng　　　　 jiào

我 是 _____ 大学 _____ 系 ___ 年级 的 学生。
Wǒ shì　　　 dàxué　　　 xì　 niánjí　 de xuésheng.

学部を表す単語の例：文学 wénxué　外语 wàiyǔ　经济 jīngjì　法律 fǎlǜ　工学 gōngxué

第 3 课 Dì sān kè　かわいい！—— 散歩中の偶然

🎧 34

刘丽：哇！　真　可爱！　山本，这　是　你　的　狗　啊？
　　　Wa!　Zhēn　kě'ài!　Shānběn, zhè shì nǐ de gǒu a?

亮平：你　也　喜欢　狗　吗？
　　　Nǐ yě xǐhuan gǒu ma?

刘丽：是　啊，我　也　喜欢　小狗。
　　　Shì a, wǒ yě xǐhuan xiǎogǒu.

亮平：今天　天气　很　好，一起　散步，怎么样？
　　　Jīntiān tiānqì hěn hǎo, yìqǐ sànbù, zěnmeyàng?

・・・・・・・・・・

刘丽：你　的　爱好　是　什么？
　　　Nǐ de àihào shì shénme?

亮平：我　喜欢　踢　足球、看　电影。
　　　Wǒ xǐhuan tī zúqiú、kàn diànyǐng.

刘丽：你　喜欢　看　中国　电影　还是　喜欢　看　日本　电影？
　　　Nǐ xǐhuan kàn Zhōngguó diànyǐng háishi xǐhuan kàn Rìběn diànyǐng?

亮平：我　喜欢　看　中国　电影。
　　　Wǒ xǐhuan kàn Zhōngguó diànyǐng.

🎧 35

【語 句】

哇 wa：わー〔間投詞〕　　真 zhēn：本当に　　可爱 kě'ài：かわいい　　狗 gǒu：犬　　啊 a：〜なの〔明るい語気を表す〕　　喜欢 xǐhuan：好きだ　　小狗 xiǎogǒu：わんこ　　今天 jīntiān：今日　　天气 tiānqì：天気　　很 hěn：（とても）　　好 hǎo：よい　　一起 yìqǐ：一緒に　　散步 sànbù：散歩する　　怎么样 zěnmeyàng：どうですか　　爱好 àihào：趣味　　踢 tī：蹴る，（サッカーを）する　　足球 zúqiú：サッカー　　电影 diànyǐng：映画　　还是 háishi：それとも

ポイント3

1 「～はどんなだ」── 形容詞述語文 🎧36

主語（＋副詞）＋形容詞 　　◆"是"は使わない。

① 这个 贵， 那个 不 贵。
　Zhèige guì, nèige bú guì.

② 你 忙 吗？／你 忙 不 忙？
　Nǐ máng ma? Nǐ máng bu máng?

※形容詞述語文の主語の位置では"这、那"より"这个、那个"のほうが一般的。

③ 你 的 鞋 真 好看。
　Nǐ de xié zhēn hǎokàn.

④ 这个 菜 有点儿 辣。
　Zhèige cài yǒudiǎnr là.

⑤ 今天 冷， ……。
　Jīntiān lěng, …….

⑥ 今天 很 热。
　Jīntiān hěn rè.

→トレーニング3 ⓐ ⓑ

2 「今日は天気がよい」── 主述述語文

主語＋【主語＋述語】

① 他 工作 很 忙。
　Tā gōngzuò hěn máng.

② 最近 天气 不 太 好。
　Zuìjìn tiānqì bú tài hǎo.

③ 您 工作 忙 不 忙？
　Nín gōngzuò máng bu máng?

④ 你 奶奶 身体 怎么样？
　Nǐ nǎinai shēntǐ zěnmeyàng?

→トレーニング3 ⓒ

3 「～(するの)が好きだ」──"喜欢"

① 我 喜欢 猫。
　Wǒ xǐhuan māo.

② 我 很 喜欢 学习 中文。
　Wǒ hěn xǐhuan xuéxí Zhōngwén.

③ 我 姐姐 不 喜欢 吃 蛋糕。
　Wǒ jiějie bù xǐhuan chī dàngāo.

④ 你 喜欢 打 网球 吗？
　Nǐ xǐhuan dǎ wǎngqiú ma?

→トレーニング3 ⓓ

4 「Aか，それともBか？」── 選択疑問文

A 还是 B ？

① 你 喝 咖啡 还是 喝 红茶？
　Nǐ hē kāfēi háishi hē hóngchá?

② 他 今天 去 还是 明天 去？
　Tā jīntiān qù háishi míngtiān qù?

③ 明天 你 去 还是 你 弟弟 去？
　Míngtiān nǐ qù háishi nǐ dìdi qù?

④ 她 是 你 奶奶 还是 你 姥姥？
　Tā shì nǐ nǎinai háishi nǐ lǎolao?

→トレーニング3 ⓔ

トレーニング3

a 表中の単語を組み合わせて「～はどんなだ」と言ってみましょう。

主語 「～は」	修飾語（副詞） 「どれくらい」「…でない」	形容詞 「どんなだ」
这个 / 那个 zhèige nèige 今天 jīntiān	很 / 真 hěn zhēn 有点儿 yǒudiǎnr 不 / 不太 bù bú tài	大 / 小 / 贵 / 便宜 / 好 dà xiǎo guì piányi hǎo （大きい）（小さい）（高い）（安い）（よい） 好看 / 好吃 / 辣 / 热 / 冷 hǎokàn hǎochī là rè lěng （きれいだ）（おいしい）（からい）（暑い）（寒い）

b 次の文を中国語で言ってみましょう。

1) これは（値段が）高いですか？　　2) この料理はからいですか？

c 意味が通るように語句を並べ替えましょう。

1) 工作 / 我 / 忙 / 很 / 爸爸 / 。
   gōngzuò wǒ máng hěn bàba

2) 怎么样 / 你 / 身体 / 姥姥 / ？
   zěnmeyàng nǐ shēntǐ lǎolao

＊姥姥：（母方の）祖母

d 下線部に（ ）の語句を入れて言ってみましょう。

我 喜欢 ＿＿＿＿。　　我 很 喜欢 ＿＿＿＿。　　我 不 太 喜欢 ＿＿＿＿。
Wǒ xǐhuan　　　　　　Wǒ hěn xǐhuan　　　　　Wǒ bú tài xǐhuan

(打 网球 / 踢 足球 / 喝 咖啡 / 看 电影 / 听 音乐)
　dǎ wǎngqiú　tī zúqiú　hē kāfēi　kàn diànyǐng　tīng yīnyuè
　　　　　　　　　　　　　　　　　　　　　　　（音楽を聴く）

e 下線部に語句を入れて「AそれともB？」と尋ねてみましょう。

你 ＿＿A＿＿ 还是 ＿＿B＿＿ ？
Nǐ　　　　　háishi

1) 要 这个 / 要 那个
   yào zhèige yào nèige

＊要：ほしい，要る

2) 喜欢 吃 鱼 / 喜欢 吃 肉
   xǐhuan chī yú xǐhuan chī ròu

＊鱼：魚　　＊肉：肉

3) 上午 来 / 下午 来
   shàngwǔ lái xiàwǔ lái

＊上午：午前　　＊下午：午後

総合練習 3

1 発音を聞いてピンインに声調符号をつけ，さらに漢字に直して訳しなさい。 🎧 37

1) Ni de aihao shi shenme ?

2) Ta gongzuo youdianr mang.

3) Ta shi Zhongguoren haishi Hanguoren ?

2 日本語に合うように語句を並べ替えなさい。

1) 祖母は元気です。
〔 我 / 很 / 奶奶 / 好 / 身体 / 。〕
　Wǒ　　hěn　　nǎinai　　hǎo　　shēntǐ

2) 彼女も音楽を聴くのが大好きです。
〔 也 / 听 / 很 / 她 / 音乐 / 喜欢 / 。〕
　yě　　tīng　 hěn　　tā　　yīnyuè　　xǐhuan

3) 一緒にサッカーをするのはどうですか？
〔 怎么样 / 咱们 / 一起 / 足球 / 踢 / ，/ ？〕
　zěnmeyàng　 zánmen　 yìqǐ　 zúqiú　 tī

3 日本語を中国語に訳し，漢字・ピンインで書きなさい。

1) どれが大きいですか？—— あれが大きいです。

2) この料理はおいしいですね。

3) あなたは犬が好き，それとも猫が好き？

4) あなたはコーヒーが好きですか，それとも紅茶が好きですか？

🎧 38

| 说说看 | 身体の不調をうったえる表現 |

你 哪儿 不 舒服？　　　　　我 肚子／头 疼。
Nǐ nǎr bù shūfu?　　　　　Wǒ dùzi / tóu téng.
どこが具合が悪いですか？　　おなか／頭 が痛いです。

第4课 Dì sì kè 何人家族？——いろいろ話してみよう

🎧 39

刘丽： 你 家 有 几 口 人？
　　　Nǐ jiā yǒu jǐ kǒu rén?

亮平： 我 家 有 四 口 人，爸爸、妈妈、妹妹 和 我。
　　　Wǒ jiā yǒu sì kǒu rén, bàba, māma, mèimei hé wǒ.

　　　还 有 一 只 狗。
　　　Hái yǒu yì zhī gǒu.

刘丽： 你 妹妹 今年 多 大？
　　　Nǐ mèimei jīnnián duō dà?

亮平： 她 今年 十七 岁，高中 二 年级。你 有 兄弟 姐妹
　　　Tā jīnnián shíqī suì, gāozhōng èr niánjí. Nǐ yǒu xiōngdì jiěmèi

　　　吗？
　　　ma?

刘丽： 我 没有 兄弟 姐妹。
　　　Wǒ méiyǒu xiōngdì jiěmèi.

亮平： 你 累 不 累？那儿 有 一 家 咖啡馆。
　　　Nǐ lèi bu lèi? Nàr yǒu yì jiā kāfēiguǎn.

刘丽： 我 正好 想 喝 咖啡。你 喜欢 喝 什么 咖啡？
　　　Wǒ zhènghǎo xiǎng hē kāfēi. Nǐ xǐhuan hē shénme kāfēi?

🎧 40

【語句】

有 yǒu：いる，ある　　几 jǐ：いくつ　　口 kǒu：〔家族の人数を数える量詞〕　　人 rén：人　　和 hé：～と…
还 hái：あと，ほかに　　只 zhī：～匹　　今年 jīnnián：今年　　多大 duō dà：いくつ〔年齢〕　　岁 suì：～歳　　高中 gāozhōng：高校　　兄弟 xiōngdì：兄弟　　姐妹 jiěmèi：姉妹　　没有 méiyǒu：いない，ない　　累 lèi：疲れている　　家 jiā：～軒　　咖啡馆 kāfēiguǎn：カフェ　　正好 zhènghǎo：ちょうど　　想 xiǎng：～したい

25

ポイント4

1 数量の数え方 🎧41

数詞＋量詞（＋名詞）

一个	两个	三个	四个	……	九个	十个
yí ge	liǎng ge	sān ge	sì ge		jiǔ ge	shí ge

一 个 学生	一 本 词典	两 张 票	十二 双 鞋
yí ge xuésheng	yì běn cídiǎn	liǎng zhāng piào	shí'èr shuāng xié

"这、那、哪"＋数詞＋量詞（＋名詞）

这 三 本 词典	这 (一) 本 词典	→	这 本 词典
zhè sān běn cídiǎn	zhè (yì) běn cídiǎn		zhè běn cídiǎn
	(zhèi)		

※ 量詞の前の"这、那、哪"は"zhèi, nèi, něi"と読むことが多い。

→トレーニング4 ⓐ

2 「〜は…を持っている」「ドコには…がある／いる」——動詞"有"の文

所有者・場所＋"有"＋モノ・人 ◆ 否定には"没有"を使う。

① 我 有 一 张 票。　　② 我 没有 护照。
　 Wǒ yǒu yì zhāng piào.　　 Wǒ méiyǒu hùzhào.

③ 那儿 有 一 家 餐厅。　　④ 这儿 没有 洗手间。
　 Nàr yǒu yì jiā cāntīng.　　 Zhèr méiyǒu xǐshǒujiān.

⑤ 下午 还 有 课 吗？　　⑥ 这 附近 有 没有 咖啡馆？
　 Xiàwǔ hái yǒu kè ma?　　 Zhè fùjìn yǒu méiyǒu kāfēiguǎn?

→トレーニング4 ⓑ

3 「いくつ」の尋ね方 ——"几"と"多少"

"几"＋量詞（＋名詞）

① 你 有 几 个 中国 朋友？　　② 今天 几 月 几 号 星期几？
　 Nǐ yǒu jǐ ge Zhōngguó péngyou?　　 Jīntiān jǐ yuè jǐ hào xīngqījǐ?

"多少"＋量詞（＋名詞）

③ 经济 系 一共 有 多少（个）学生？　　④ 你 买 多少？
　 Jīngjì xì yígòng yǒu duōshao (ge) xuésheng?　　 Nǐ mǎi duōshao?

※ "几"は必ず量詞をともなう。"多少"の後ろは量詞を省くことが多い。　　→トレーニング4 ⓒ

4 「〜したい」 ——助動詞"想"

① 我 想 买 一 台 冰箱。　　② 今天 我 不 想 吃 饭。
　 Wǒ xiǎng mǎi yì tái bīngxiāng.　　 Jīntiān wǒ bù xiǎng chī fàn.

③ 你 想 看 中国 电影 吗？　　④ 你 想 不 想 买 这 件 毛衣？
　 Nǐ xiǎng kàn Zhōngguó diànyǐng ma?　　 Nǐ xiǎng bu xiǎng mǎi zhèi jiàn máoyī?

→トレーニング4 ⓓ

トレーニング4

a 量詞と名詞の組み合わせを覚えましょう。

个 ge	人 rén（人） / 哥哥 gēge（兄） / 书包 shūbāo（カバン）
本 běn	书 shū（本） / 词典 cídiǎn（辞書） / 漫画 mànhuà（漫画）
张 zhāng	纸 zhǐ（紙） / 票 piào（チケット） / 桌子 zhuōzi（テーブル）
只 zhī	狗 gǒu（犬） / 猫 māo（猫） / 鞋 xié（靴）

件 jiàn	衣服 yīfu（服） / 毛衣 máoyī（セーター） / 事儿 shìr（事柄）
条 tiáo	路 lù（道） / 裤子 kùzi（ズボン） / 鱼 yú（魚）
杯 bēi	茶 chá（茶） / 咖啡 kāfēi（コーヒー） / 红茶 hóngchá（紅茶）
双 shuāng	鞋 xié（靴） / 袜子 wàzi（靴下） / 筷子 kuàizi（箸）

b 「〜を持っていますか？」「〜はありますか/いますか？」と尋ねてみましょう。

{ 你 Nǐ / 这儿 Zhèr / 明天 Míngtiān } 有 yǒu { パソコン / 自転車 / トイレ / 人 / 時間 / 用事 } 吗 ma？—— 有。/ 没有。Yǒu. Méiyǒu.

＊パソコン：电脑 diànnǎo　＊自転車：自行车 zìxíngchē　＊時間：时间 shíjiān

c （　）に"几"または"多少"を入れて発音しましょう。

1) 你家有（　　）口人？
   Nǐ jiā yǒu　　kǒu rén?

2) 你们大学有（　　）学生？
   Nǐmen dàxué yǒu　　xuésheng?

3) 你要（　　）？
   Nǐ yào

4) 你要（　　）双筷子？
   Nǐ yào　　shuāng kuàizi?

d 日本語に合うように（　）に適切な語を入れましょう。

1) あなたは北京へ行きたいですか？—— 私はとても行きたいです。

   你想（　）想（　）北京？—— 我很（　）去。
   Nǐ xiǎng　　xiǎng　　Běijīng?　Wǒ hěn　　qù.

2) あなたは何茶を飲みたいですか？—— 私はウーロン茶を飲みたいです。

   你（　）喝（　）茶？—— 我（　）喝乌龙茶。
   Nǐ　　hē　　chá?　Wǒ　　hē wūlóngchá.

総合練習 4

1 発音を聞いてピンインに声調符号をつけ，さらに漢字に直して訳しなさい。 🎧42

1) Zhei jian maoyi shi shei de ?

2) Ta ye meiyou huzhao.

3) Ni xiang bu xiang kan dianying ?

2 日本語に合うように語句を並べ替えなさい。

1) あなたのお姉さんは今年いくつですか？
   〔 姐姐 / 多 / 今年 / 你 / 大 / ？ 〕
     jiějie　duō　jīnnián　nǐ　dà

2) 午後まだ用事がありますか？
   〔 还 / 下午 / 吗 / 事儿 / 有 / ？ 〕
     hái　xiàwǔ　ma　shìr　yǒu

3) このあたりにレストランはありますか？
   〔 餐厅 / 附近 / 有 / 这 / 没有 / ？ 〕
     cāntīng　fùjìn　yǒu　zhè　méiyǒu

3 日本語を中国語に訳し，漢字・ピンインで書きなさい。

1) あそこに猫が2匹います。

2) あなたはチケットを何枚買いたいですか？

3) あなたがたの学科には全部で何人学生がいますか？

4) 木曜の午前中時間がありますか？—— ありません。

| 说说看 | 年龄の尋ね方 | 🎧43 |

你 哥哥 多 大？　　你 弟弟 几 岁？　　你 奶奶 多 大 年纪？
Nǐ gēge duō dà?　　Nǐ dìdi jǐ suì?　　Nǐ nǎinai duō dà niánjì?

◆ 相手の年齢によって尋ね方が異なる。

第5课 Dì wǔ kè 家はどこ？—— もっと知りたい

刘丽： 你 家 在 哪儿？ 离 这儿 近 吗？
Nǐ jiā zài nǎr? Lí zhèr jìn ma?

亮平： 很 近。我 家 就 在 公园 东边，邮局 旁边。
Hěn jìn. Wǒ jiā jiù zài gōngyuán dōngbian, yóujú pángbiān.

刘丽： 我 家 离 这儿 比较 远，在 大学 附近。
Wǒ jiā lí zhèr bǐjiào yuǎn, zài dàxué fùjìn.

亮平： 你 每天 都 有 课 吗？
Nǐ měitiān dōu yǒu kè ma?

刘丽： 差不多 都 有 课。星期三 下午 和 星期六 没有 课。
Chàbuduō dōu yǒu kè. Xīngqīsān xiàwǔ hé xīngqīliù méiyǒu kè.

亮平： 你 现在 打工 吗？
Nǐ xiànzài dǎgōng ma?

刘丽： 星期一、二、四 晚上 在 便利店 打工。
Xīngqīyī, èr, sì wǎnshang zài biànlìdiàn dǎgōng.

亮平： 那 你 每天 都 很 忙 啊。
Nà nǐ měitiān dōu hěn máng a.

【語句】

在 zài：ある，いる　　离 lí：～：～から　　近 jìn：近い　　就 jiù：ちょうど，すぐ　　公园 gōngyuán：公園　　东边 dōngbian：東側　　邮局 yóujú：郵便局　　旁边 pángbiān：そば　　比较 bǐjiào：比較的，わりと　　远 yuǎn：遠い　　每天 měitiān：毎日　　差不多 chàbuduō：だいたい，ほとんど　　星期 xīngqī ～：～曜日（→p.11）　　现在 xiànzài：今　　打工 dǎgōng：アルバイトをする　　晚上 wǎnshang：夜　　在 zài ～：～で　　便利店 biànlìdiàn：コンビニ　　那 nà：では

ポイント5

1 方角や位置を表す語句 —— 方位詞　🎧46

上边(儿) shàngbian(r)	前边(儿) qiánbian(r)	左边(儿) zuǒbian(r)	里边(儿) lǐbian(r)	旁边(儿) pángbiān(r)
下边(儿) xiàbian(r)	后边(儿) hòubian(r)	右边(儿) yòubian(r)	外边(儿) wàibian(r)	对面 duìmiàn
东边(儿) dōngbian(r)	南边(儿) nánbian(r)	西边(儿) xībian(r)	北边(儿) běibian(r)	～上 ／ ～里 shang　　li

※「～の上」「～の中」と言うときは"～上""～里"となることが多い。

　名詞 ＋ 方位詞　「～のどちら側」　　方位詞 ＋ "的" ＋ 名詞　「どちら側の～」

① 教室　外边
　 jiàoshì　wàibian

② 图书馆　里边　／　图书馆　里
　 túshūguǎn　lǐbian　　　túshūguǎn　li

③ 公园　旁边　有　一　家　书店。
　 Gōngyuán　pángbiān　yǒu　yì　jiā　shūdiàn.

④ 对面　的　商店
　 duìmiàn　de　shāngdiàn

→トレーニング5 ⓐ

2「～はドコにある／いる」—— 動詞"在"の文

　モノ・人 ＋ "在" ＋ 場所

① 书店　在　公园　旁边。
　 Shūdiàn　zài　gōngyuán　pángbiān.

② 我　爷爷　在　外边。
　 Wǒ　yéye　zài　wàibian.

③ 姥爷　现在　在　不　在　家？
　 Lǎoye　xiànzài　zài　bu　zài　jiā?

④ 洗手间　在　哪儿？
　 Xǐshǒujiān　zài　nǎr?

→トレーニング5 ⓑ ⓒ

3「ドコで～する」—— 介詞"在"

　主語 ＋【介詞"在" ＋ 目的語】＋ 動詞（＋ 目的語）

① 我　姐姐　在　一　家　台湾　公司　工作。
　 Wǒ　jiějie　zài　yì　jiā　Táiwān　gōngsī　gōngzuò.

② 他　在　超市　打工。
　 Tā　zài　chāoshì　dǎgōng.

→トレーニング5 ⓓ

4「～から（どれくらい隔たりがある）」—— 介詞"离"

　主語 ＋【介詞"离" ＋ 目的語】＋ 隔たりを表す語句（形容詞"远、近"など）

① 我们　住　的　饭店　离　车站　很　近。
　 Wǒmen　zhù　de　fàndiàn　lí　chēzhàn　hěn　jìn.

② 离　暑假　还　有　一　个　月。
　 Lí　shǔjià　hái　yǒu　yí　ge　yuè.

→トレーニング5 ⓔ

トレーニング5

a 次の日本語にあたる中国語を言ってみましょう。

1) スーパーの前　　2) 右側の机　　3) カバンの中

4) 本屋のそば　　5) 向かいの本屋　　6) 本屋の向かいの喫茶店

b 図を見て（　）に適切な方位詞を入れましょう。

1) 山本 的 家 在 公园（　　　　）。
   Shānběn de jiā zài gōngyuán

2) 书店 在 公园（　　　　）。
   Shūdiàn zài gōngyuán

3) 图书馆 在 公园（　　　　）。
   Túshūguǎn zài gōngyuán

4) 超市 在 公园（　　　　）。
   Chāoshì zài gōngyuán

c （　）に"在"または"有"を入れましょう。

1) 便利店（　　　）哪儿？
   Biànlìdiàn　　　nǎr?

2) 便利店（　　　）银行 对面。
   Biànlìdiàn　　　yínháng duìmiàn.

3) 银行 对面（　　　）什么？
   Yínháng duìmiàn　　　shénme?

＊银行：銀行

4) 银行 对面（　　　）一 家 便利店。
   Yínháng duìmiàn　　　yì jiā biànlìdiàn.

d 下線部に語句を入れて「劉麗さんは今日の午後ドコで〜する」と言ってみましょう。

刘 丽 今天 下午 在 ___場所___ ___行為___ 。
Liú Lì jīntiān xiàwǔ zài

場所（ 图书馆 / 便利店 / 公园 ）　行為（ 看 书 / 打工 / 散步 ）
　　　túshūguǎn biànlìdiàn gōngyuán　　　　kàn shū dǎgōng sànbù

e 日本語に合うように（　）に適切な語を入れましょう。

1) あなたの家は会社まで遠いですか？

   你 家（　　　）（　　　　）远 不 远？
   Nǐ jiā　　　　　　　　　　yuǎn bu yuǎn?

2) 駅はここからどれぐらい遠いですか？

   车站（　　　）（　　　　）多 远？
   Chēzhàn　　　　　　　duō yuǎn?

＊多远：(距離が) どのくらい？

総合練習5

1 発音を聞いてピンインに声調符号をつけ，さらに漢字に直して訳しなさい。 🎧47

1) Tamen gongsi bu zai Beijing.

2) Jintian wanshang women zai nar chi fan ?

3) Ni jia li xuexiao duo yuan ?

2 日本語に合うように語句を並べ替えなさい。

1) ほとんど毎日授業があります。
〔 有 / 每天 / 课 / 差不多 / 都 / 。〕
　　yǒu　　měitiān　　kè　　chàbuduō　　dōu

2) 郵便局の左側にはコンビニが1軒あります。
〔 家 / 便利店 / 邮局 / 一 / 左边 / 有 / 。〕
　　jiā　　biànlìdiàn　　yóujú　　yī　　zuǒbian　　yǒu

3) スーパーはここから遠いですか？
〔 这儿 / 远 / 远 / 超市 / 不 / 离 / ？〕
　　zhèr　　yuǎn　　yuǎn　　chāoshì　　bù　　lí

3 日本語を中国語に訳し，漢字・ピンインで書きなさい。

1) 教室の外に学生が6，7人います。

2) 劉先生はご在宅ですか？

3) 彼は向かいの本屋でバイトしています。

4) 銀行はここから遠いですか？—— 近いです。

🎧48

| 说说看 | 「どこでバイトしてるの？」 |

你　在　哪儿　打工？　　　　　　我　在　_____　打工。
Nǐ　zài　nǎr　dǎgōng？　　　　　　Wǒ　zài　　　　　　dǎgōng.

場所を表す単語の例：便利店 biànlìdiàn　餐厅 cāntīng　书店 shūdiàn　快餐店 kuàicāndiàn

第6课 Dì liù kè ごはん食べた？——その頃の山本家

香香 Xiāngxiang：我 回来 了。
Wǒ huílai le.

爸爸：你 回来 了。吃 饭 了 吗？
Nǐ huílai le. Chī fàn le ma?

香香：我 吃 了。哥哥 呢？
Wǒ chī le. Gēge ne?

爸爸：他 去 散步 了，还 没 回来 呢。
Tā qù sànbù le, hái méi huílai ne.

香香：又 带 狗 去 散步 啦。他 整天 跟 狗 玩儿。
Yòu dài gǒu qù sànbù la. Tā zhěngtiān gēn gǒu wánr.

爸爸：是 啊，他 都 上 大学 了，还 没 交 女朋友 吗？
Shì a, tā dōu shàng dàxué le, hái méi jiāo nǚpéngyou ma?

香香：不 知道。你 自己 问 他 吧。我 要 做 作业 了。
Bù zhīdào. Nǐ zìjǐ wèn tā ba. Wǒ yào zuò zuòyè le.

【語 句】

香香 Xiāngxiang：〔「香」の愛称〕　回来 huílai：帰って来る　了 le：～した，（もう）～している　还没 hái méi ~（呢 ne）：まだ～していない　又 yòu：また　带 dài：連れる　啦 la：～した〔感嘆の語気を含む〕　整天 zhěngtiān：一日中　跟 gēn ~：～と　玩儿 wánr：遊ぶ　都 dōu：もう，すでに　上 shàng：（学校に）入る，通う　交 jiāo：つきあう　女朋友 nǚpéngyou：ガールフレンド　知道 zhīdao：知っている　自己 zìjǐ：自分　问 wèn：尋ねる　要 yào：～しなくてはならない　做 zuò：する　作业 zuòyè：宿題

ポイント6

1 「～(し)て…する」── 連動文 🎧51

◆ 基本的に［動詞＋目的語］の組み立てを時間順に並べればよい。

動詞1＋目的語1＋動詞2（＋目的語2…）

① 他 回 家 吃 午饭。
　 Tā huí jiā chī wǔfàn.

② 她 坐 飞机 去 上海。
　 Tā zuò fēijī qù Shànghǎi.

動詞"来、去"（＋場所）＋動詞2（＋目的語2…）

③ 明天 王 同学 来 我 家 玩儿。
　 Míngtiān Wáng tóngxué lái wǒ jiā wánr.

④ 她们 去 超市 买 东西。
　 Tāmen qù chāoshì mǎi dōngxi.

→トレーニング6 [a]

2 「～と…する」── 介詞"跟"

主語＋【介詞"跟"＋目的語】＋動詞（＋目的語）

① 你 跟 他 商量 吧。
　 Nǐ gēn tā shāngliang ba.

② 我 跟 朋友 一起 骑 自行车 上学。
　 Wǒ gēn péngyou yìqǐ qí zìxíngchē shàngxué.

→トレーニング6 [b]

3 「～しなくてはならない；～するつもりだ；～したい」── 助動詞"要"

① 我们 要 准备 考试。
　 Wǒmen yào zhǔnbèi kǎoshì.

② 你 要 复印 资料 吗？
　 Nǐ yào fùyìn zīliào ma?

③ 明天 你 一定 要 交 作业。
　 Míngtiān nǐ yídìng yào jiāo zuòyè.

④ 我 要 吃 冰淇淋。
　 Wǒ yào chī bīngqílín.

◆「～する必要がない」には"不用"、「～したくない」には"不想"を用いる。

⑤ 今天 你 不用 做 晚饭。
　 Jīntiān nǐ búyòng zuò wǎnfàn.

⑥ 我 不想 参加 比赛。
　 Wǒ bù xiǎng cānjiā bǐsài.

→トレーニング6 [c]

4 「～した；(もう)～している；～になる」── 文末の"了"

来 ⇔ 不 来　　　来 了 ⇔ 没(有) 来　　　比較 不 来 了
lái　 bù lái　　　lái le　　méi(you) lái　　　　　bù lái le

① 他 已经 回去 了。
　 Tā yǐjīng huíqu le.

② 他 还 没(有) 回来。
　 Tā hái méi(you) huílai.

③ 他们 都 去 游泳 了。
　 Tāmen dōu qù yóuyǒng le.

④ 下雨 了，我 不 想 去 了。
　 Xiàyǔ le, wǒ bù xiǎng qù le.

→トレーニング6 [d] [e]

トレーニング6

a 日本語に合うように語句を並べ替えましょう。

1) 彼は地下鉄で通勤する。　　〔 坐 / 上班 / 他 / 地铁 / 。〕
　　　　　　　　　　　　　　　　zuò　　shàngbān　　tā　　dìtiě

2) 彼は図書館へ本を借りに行く。〔 去 / 借 / 图书馆 / 书 / 他 / 。〕
　　　　　　　　　　　　　　　　qù　　jiè　　túshūguǎn　　shū　　tā

＊上班：出勤する　＊地铁：地下鉄　＊借：借りる

b 意味が通るように〔 〕の語句を並べ替えましょう。

1) 我 〔 他 / 见面 / 跟 〕。
　Wǒ　　tā　　jiànmiàn　　gēn
　　　　　　　　　　　　　　　　　　　　　　　　　　　　　　＊见面：会う

2) 我 〔 做 / 跟 / 一起 / 早饭 / 妈妈 〕。
　Wǒ　　zuò　　gēn　　yìqǐ　　zǎofàn　　māma
　　　　　　　　　　　　　　　　　　　　　　　　　　　　　　＊早饭：朝食

c 日本語に合うように（ ）に適切な語句を入れましょう。

1) あなたは必ず彼に尋ねなくてはならない。

　你（　　　　）（　　　）问 他。
　Nǐ　　　　　　　　　　wèn　tā.

2) あなたは買い物に行く必要はありません。

　你（　　　　）去（　　　）东西。
　Nǐ　　　　　　qù　　　　dōngxi.

3) 私は公園に遊びに行きたい。

　我（　　）去（　　　　）玩儿。
　Wǒ　　　　qù　　　　　wánr.

d 例にならって言ってみましょう。

	飲む	飲まない	飲んだ	飲まなかった	飲まないことにした
例)	喝 hē	⇔ 不 喝 bù hē	喝 了 hē le	⇔ 没(有) 喝 méi(you) hē	不 喝 了 bù hē le

1) 买 mǎi　　2) 去 qù　　3) 吃 chī　　4) 看 kàn

e 下線部に語句を入れて「もう～している」「まだ～していない」と言ってみましょう。

他 已经 ＿＿＿＿＿＿ 了。　　　　　　他 还 没 ＿＿＿＿＿＿ 呢。
Tā yǐjīng　　　　　　　le.　　　　　　Tā hái méi　　　　　　　ne.

1) 帰宅する　2) 食事する　3) 起きる　　　　　　4) 寝る
　　　　　　　　　　　　　（起床 qǐchuáng）　（睡觉 shuìjiào）

総合練習 6

1 発音を聞いて（　）を埋め，文全体を日本語に訳しなさい。 🎧52

1) 我　哥哥　（　　　　）　跟　狗　（　　　　　）。
   Wǒ　gēge　　　　　　　　gēn　gǒu

2) 爸爸　（　　　　　）　回来　（　　　　）　吗？
   Bàba　　　　　　　　huílai　　　　　　ma?

3) 我　（　　　）　知道　他　去　哪儿　（　　　）。
   Wǒ　　　　　　zhīdào　tā　qù　nǎr

2 日本語に合うように語句を並べ替えなさい。

1) 自分で先生に聞きに行きなよ。
   〔 你 / 问 / 吧 / 老师 / 去 / 自己 / 。 〕
   　nǐ　wèn　ba　lǎoshī　qù　zìjǐ

2) 今日はバイトに行かなくてもよくなった。
   〔 了 / 我 / 去 / 不用 / 打工 / 今天 / 。 〕
   　le　wǒ　qù　búyòng　dǎgōng　jīntiān

3) 彼らは飛行機で上海へ行き試合に参加するつもりだ。
   〔 要 / 上海 / 坐 / 去 / 飞机 / 参加 / 他们 / 比赛 / 。 〕
   　yào　Shànghǎi　zuò　qù　fēijī　cānjiā　tāmen　bǐsài

3 日本語を中国語に訳し，漢字・ピンインで書きなさい。

1) あなたはおじいさんと一緒に行かなくてはなりません。

2) 君，朝ごはんを食べた？―― 食べてない。

3) 父は毎日地下鉄で出勤しています。

4) 王さんは最近，日本映画（をみるの）が好きになった。

| 说说看 | 日常のあいさつ | 🎧53 |

下班　了？　　　吃　饭　了　吗？　　　明天　见。　　　回头　见。
Xiàbān　le?　　Chī　fàn　le　ma?　　Míngtiān　jiàn.　Huítóu　jiàn.
仕事の帰り？　　ごはんは済んだ？　　　また明日。　　　またあとで。

第7课 Dì qī kè

1枚あげるよ ── 映画の約束

🎧 54

亮平: 刘丽，你下课啦。
　　　Liú Lì, nǐ xiàkè la.

刘丽: 下课了。我们去食堂吃饭吧。
　　　Xiàkè le. Wǒmen qù shítáng chī fàn ba.

亮平: 下星期六你有空吗？
　　　Xià xīngqīliù nǐ yǒu kòng ma?

刘丽: 星期六有事儿，星期天有空。
　　　Xīngqīliù yǒu shìr, xīngqītiān yǒu kòng.

亮平: 我买了两张电影票。送你一张。
　　　Wǒ mǎile liǎng zhāng diànyǐng piào. Sòng nǐ yì zhāng.

刘丽: 谢谢你！我正好想去看这部电影呢。
　　　Xièxie nǐ! Wǒ zhènghǎo xiǎng qù kàn zhèi bù diànyǐng ne.

亮平: 电影从两点开始。我们在电影院门口见。
　　　Diànyǐng cóng liǎng diǎn kāishǐ. Wǒmen zài diànyǐngyuàn ménkǒu jiàn.

刘丽: 好的。对了，我的电话号码是 0 6 0
　　　Hǎo de. Duì le, wǒ de diànhuà hàomǎ shì líng liù líng
　　　8 5 1 2 7 9 4 3。
　　　bā wǔ yāo èr qī jiǔ sì sān.

🎧 55

【語句】

下课 xiàkè：授業が終わる　　食堂 shítáng：(施設内の)食堂　　下星期 xià xīngqī：来週　　空 kòng：ひま　　了 le：〜した　　送 sòng：贈る　　部 bù：〔映画などを数える量詞〕　　从 cóng〜：〜から　　点 diǎn：〜時　　开始 kāishǐ：始まる　　电影院 diànyǐngyuàn：映画館　　门口 ménkǒu：入口　　见 jiàn：会う　　好的 hǎo de：はい，わかった〔承諾の回答に用いる〕　　对了 duì le：そうそう　　电话 diànhuà：電話　　号码 hàomǎ：番号

※ 数字の"一"は番号などの場合 yāo と読むことがある。

ポイント7

1 「〜した」を表す2つの"了" —— 動詞の後の"了"と文末の"了" 🎧56

① 写 信 了。
Xiě xìn le.

② 写 了 一 封 信。
Xiě le yì fēng xìn.

③ 写 了 信，……
Xiěle xìn, ……

④ 没(有) 写 信。
Méi (you) xiě xìn.

⑤ 你 写 信 了 吗？／你 写 信 了 没有？
Nǐ xiě xìn le ma? Nǐ xiě xìn le méiyou?

⑥ 下 了 课 就 回 家。
Xiàle kè jiù huí jiā.

⑦ 我 喝 了 五 瓶 了，不 喝 了。
Wǒ hēle wǔ píng le, bù hē le.

→トレーニング7 a b

2 「誰に〜を…する」 —— 目的語を一度に2つ取れる動詞

> 主語 + 動詞 + 間接目的語（〜に）+ 直接目的語（…を）

① 我 给 你 这个。
Wǒ gěi nǐ zhèige.

② 张 老师 教 我们 汉语。
Zhāng lǎoshī jiāo wǒmen Hànyǔ.

③ 他 问 了 我 一 个 问题。
Tā wènle wǒ yí ge wèntí.

④ 我 想 送 她 一 块 手表。
Wǒ xiǎng sòng tā yí kuài shǒubiǎo.

⑤ 请 告诉 我 怎么 念。
Qǐng gàosu wǒ zěnme niàn.

⑥ 我 没 送 他 礼物。
Wǒ méi sòng tā lǐwù.

→トレーニング7 c

3 時刻の言い方 "〜点(钟)" "〜点…分"

① 现在 几 点 （了）？
Xiànzài jǐ diǎn (le) ?

② 现在 两 点 钟。
Xiànzài liǎng diǎn zhōng.

③ 三 点 （零） 二 分
sān diǎn (líng) èr fēn

④ 五 点 一 刻
wǔ diǎn yí kè

⑤ 上午 九 点 半
shàngwǔ jiǔ diǎn bàn

⑥ 早上 七 点 三 刻
zǎoshang qī diǎn sān kè

⑦ 后天 中午 十二 点 三十 分
hòutiān zhōngwǔ shí'èr diǎn sānshí fēn

→トレーニング7 d

4 「〜から…」 —— 介詞"从"

> 主語 + 【介詞"从" + 目的語（起点）】 + 動詞（+ 目的語）

① 寒假 从 什么 时候 开始？
Hánjià cóng shénme shíhou kāishǐ?

② 我 从 大阪 坐 飞机 去 美国。
Wǒ cóng Dàbǎn zuò fēijī qù Měiguó.

比較 小 赵 的 家 离 学校 很 近。
Xiǎo Zhào de jiā lí xuéxiào hěn jìn.

→トレーニング7 e

トレーニング7

a 3つの違いに注意して，中国語で言ってみましょう。

1) お茶を飲んだ　　　2) お茶を2杯飲んだ　　　3) お茶を飲まなかった

b 日本語に合うように〔　〕の語句を並べ替えましょう。

1) 私は昨日傘を1本買った。

　　我　昨天　〔 了 ／ 买 ／ 一 把 雨伞 〕。　　＊昨天：昨日
　　Wǒ　zuótiān　　　 le　　　mǎi　 yì　bǎ　yǔsǎn　　　　＊把：〜本〔量詞〕

2) 私は友達とご飯を食べたらすぐ帰る。

　　我　跟　朋友　〔 饭 ／ 了 ／ 吃 〕　就　回　家。
　　Wǒ　gēn　péngyou　 fàn　　 le　　 chī　　jiù　huí　jiā

3) 彼はもう3杯も麺を食べている。

　　他　已经　〔 吃 ／ 了 ／ 了 ／ 三 碗 面条 〕。　　＊碗：〜杯〔量詞〕
　　Tā　yǐjīng　　chī　　 le　　 le　　sān　wǎn　miàntiáo　　＊面条：麺

c 日本語に合うように（　）に適切な語を入れましょう。

1) 誰があなたたちに中国語を教えますか？

　　（　　）　教　（　　）　汉语？
　　　　　　　jiāo　　　　　Hànyǔ？

2) 父は私に携帯電話をくれた。

　　（　　　　）　给　（　　）　我　一　个　手机。
　　　　　　　　　gěi　　　　　wǒ　yí　ge　shǒujī.

d 次の日時を中国語で言ってみましょう。

1) 10時20分　　　2) 午後2時15分　　　3) 明後日午前9時

4) 昨日夜8時45分　　　5) 今朝8時半　　　6) 明日午後10時

e （　）に"从"または"离"を入れ，日本語に訳しましょう。

1) 音乐会（　　）几　点　开演？　　　＊音乐会：コンサート
　　Yīnyuèhuì　　　 jǐ　diǎn　kāiyǎn？　　＊开演：開演する

2) （　　）考试　还　有　一　个　月。
　　　　　　kǎoshì　hái　yǒu　yí　ge　yuè.

3) 他（　　）香港　回来　了。
　　Tā　　　 Xiānggǎng　huílai　le.

4) 北京（　　）天津　多　远？
　　Běijīng　　　Tiānjīn　duō　yuǎn？

総合練習 7

1 発音を聞いて（　）を埋め，文全体を日本語に訳しなさい。　🎧57

1) 寒假（　　）什么 时候（　　　　）？
   Hánjià　　　　shénme shíhou

2) 他 家 的 电话 号码 是（　　　　　　）。
   Tā jiā de diànhuà hàomǎ shì

3) 现在（　　）点？──（　　）点（　　）分。
   Xiànzài　　　diǎn？　　　　diǎn　　　fēn.

2 日本語に合うように語句を並べ替えなさい。

1) ちょうど君にひとつ聞きたかったんだ。
   〔 正好 / 一 / 想 / 件 / 问 / 我 / 你 / 事儿 / 。〕
   　zhènghǎo　yī　xiǎng　jiàn　wèn　wǒ　nǐ　shìr

2) 彼はもう6個もアイスを食べている。
   〔 已经 / 六 / 了 / 了 / 个 / 吃 / 他 / 冰淇淋 / 。〕
   　yǐjīng　liù　le　le　ge　chī　tā　bīngqílín

3) 朝ごはんを食べたら彼はすぐ登校する。
   〔 了 / 就 / 上学 / 早饭 / 去 / 他 / 吃 / , / 。〕
   　le　jiù　shàngxué　zǎofàn　qù　tā　chī

3 日本語を中国語に訳し，漢字・ピンインで書きなさい。

1) もうチケット買ったよ。── 何枚買ったの？

2) 中国語の授業は何時に始まりますか？

3) 私は趙君に腕時計をプレゼントしなかった。

4) 明日午後2時に来るよう彼に伝えてください。

| 说说看 | 授業の予定を尋ねる | 🎧58 |

你 星期一 几 点 上课？　　你 星期一 几 点 下课？
Nǐ xīngqīyī jǐ diǎn shàngkè？　Nǐ xīngqīyī jǐ diǎn xiàkè？

第 8 课 Dì bā kè　ちょっと見せて —— いっしょに買い物

刘丽：今天 的 这 部 电影 真 好看。
　　　Jīntiān de zhèi bù diànyǐng zhēn hǎokàn.

亮平：是 啊。电影 里 的 中文 歌 也 很 好听。
　　　Shì a. Diànyǐng li de Zhōngwén gē yě hěn hǎotīng.

刘丽：现在 才 四 点 半，我们 去 逛逛 商店。
　　　Xiànzài cái sì diǎn bàn, wǒmen qù guàngguang shāngdiàn.

亮平：那，我 想 给 我 妹妹 买 个 生日 礼物。
　　　Nà, wǒ xiǎng gěi wǒ mèimei mǎi ge shēngrì lǐwù.

刘丽：你 想 给 她 买 什么 礼物？
　　　Nǐ xiǎng gěi tā mǎi shénme lǐwù?

亮平：你 帮 我 选 一下，可以 吗？
　　　Nǐ bāng wǒ xuǎn yíxià, kěyǐ ma?

刘丽：你 看 这 顶 帽子 挺 可爱 的。多少 钱 呢？
　　　Nǐ kàn zhèi dǐng màozi tǐng kě'ài de. Duōshao qián ne?

亮平：给 我 看看 …… 一 万 三！
　　　Gěi wǒ kànkan …… yí wàn sān!

【語句】

歌 gē：歌　　好听 hǎotīng：(音が)きれいだ　　才 cái：たった　　逛 guàng：ぶらつく　　给 gěi～：～(のため)に
生日 shēngrì：誕生日　　帮 bāng：手伝う　　选 xuǎn：選ぶ　　一下 yíxià：ちょっと　　可以 kěyǐ：(～して)よろしい　　顶 dǐng：〔帽子などを数える量詞〕　　帽子 màozi：帽子　　挺 tǐng～的 de：なかなか～だ　　多少钱 duōshao qián：いくら〔値段〕　　万 wàn：万

ポイント 8

1 「ちょっと~する；~してみる」——動詞の重ね型と動作量 "一下" 🎧61

① 看看 / 看一看 / 看 一下
　　kànkan　　kànyikàn　　kàn yíxià

② 休息休息 / 休息 一下
　　xiūxixiuxi　　xiūxi yíxià

③ 你 尝尝 这个 包子。
　　Nǐ chángchang zhèige bāozi.

④ 我 去 一下 洗手间。
　　Wǒ qù yíxià xǐshǒujiān.

⑤ 散散 步
　　sànsan bù

⑥ 奶奶 去 公园 跳跳 舞、打打 牌。
　　Nǎinai qù gōngyuán tiàotiao wǔ, dǎda pái.

→トレーニング 8 ⓐ ⓑ

2 「~(宛て/のため)に…する」——介詞 "给"

主語＋【"给"＋目的語】＋動詞（＋目的語）

① 我 给 男朋友 打 电话 了。
　　Wǒ gěi nánpéngyou dǎ diànhuà le.

② 我 给 你们 介绍 一下。
　　Wǒ gěi nǐmen jièshào yíxià.

③ 我 给 孩子们 买了 一些 点心。
　　Wǒ gěi háizimen mǎile yìxiē diǎnxin.

④ 请 给 我 看看。
　　Qǐng gěi wǒ kànkan.

→トレーニング 8 ⓒ

3 「~してかまわない；~してみるとよい」——助動詞 "可以"

① 里边 可以 参观 一下 吗？ —— 当然 可以。/ 不 行。
　　Lǐbian kěyǐ cānguān yíxià ma? Dāngrán kěyǐ. Bù xíng.

② 用 信用卡 付，可以 吗？
　　Yòng xìnyòngkǎ fù, kěyǐ ma?

③ 这 本 书 很 有趣，你 也 可以 看看。
　　Zhèi běn shū hěn yǒuqù, nǐ yě kěyǐ kànkan.

→トレーニング 8 ⓓ

4 100 以上の数

一百　　一千　　一万　　二百 / 两百　　两千　　两万
yìbǎi　yìqiān　yíwàn　èrbǎi　liǎngbǎi　liǎngqiān　liǎngwàn

一百 零 一　　一百 一（十）
yìbǎi líng yī　yìbǎi yī (shí)

一千 零 一　　一千 零 二十　　一千 三（百）
yìqian líng yī　yìqiān líng èrshí　yìqiān sān (bǎi)

※ 量詞が続く場合は位数詞を省略しない。　一百 八十 个（× 一百八个）
　　　　　　　　　　　　　　　　　　　　yìbǎi bāshí ge

関連　这个 多少 钱？ —— 二百 六十 块。/ 二百 六。
　　　Zhèige duōshao qián?　Èrbǎi liùshí kuài.　Èrbǎi liù.

→トレーニング 8 ⓔ

トレーニング 8

a　次の語句を使って「ちょっと～する；試しに～してみる」と言ってみましょう。

听	写	想	等	商量	复习	唱　歌	帮忙
tīng	xiě	xiǎng	děng	shāngliang	fùxí	chàng gē	bāngmáng
(聴く)	(書く)	(考える)	(待つ)	(相談する)	(復習する)	(歌を歌う)	(手伝う)

b　（　）に適切な語句を入れて発音してみましょう。

1) ここでちょっと待ってください。　　你 在 这儿（　　　　　　）。
　　　　　　　　　　　　　　　　　　Nǐ zài zhèr

2) 彼とちょっと相談してごらん。　　　你 跟 他（　　　　　　）。
　　　　　　　　　　　　　　　　　　Nǐ gēn tā

3) 君ちょっと手伝いに行って。　　　　你 去（　　　　　　　　）。
　　　　　　　　　　　　　　　　　　Nǐ qù

c　日本語に合うように語句を並べ替えましょう。

1) 私は李君にメールを送った。
　　我〔 小 李 ／ 了 ／ 发 邮件 ／ 给 ／ 。〕
　　Wǒ　Xiǎo Lǐ　　le　　fā yóujiàn　　gěi
　　　　　　　　　　　　　　　　　　　　＊发邮件：メールを送信する

2) 彼はよく子供たちにお話をしてあげる。
　　他〔 孩子们 ／ 经常 ／ 讲 故事 ／ 给 ／ 。〕
　　Tā　háizimen　jīngcháng　jiǎng gùshi　gěi
　　　　　　　　　　　　　　　　　＊经常：よく　　＊讲故事：お話をする

3) ちょっとパスポートを見せてください。
　　请〔 我 ／ 你的 护照 ／ 给 ／ 看看 ／ 。〕
　　Qǐng　wǒ　nǐ de hùzhào　gěi　kànkan

d　与えられた語句と"可以"を使って言ってみましょう。

1) ここは喫煙 OK ですか？　（　这儿 zhèr,　抽烟 chōuyān（タバコを吸う）　）

2) あなたは辞書を引いてみてかまいません。（　查词典 chá cídiǎn（辞書を引く）　）

3) あなたのペンちょっと使いたいんだけど，いいですか？
　　　　　　　　　　　　　　　　　　（　用 yòng（使う），　笔 bǐ（ペン），　想 xiǎng　）

e　次の数を中国語で言ってみましょう。

1) 260　　2) 318　　3) 2900　　4) 3602　　5) 10040　　6) 810 元

総合練習8

1 発音を聞いて（　）を埋め，文全体を日本語に訳しなさい。　🎧62

1) 现在（　　）十点（　　　）。
   Xiànzài　　　　shí diǎn

2) 咱们（　　　　　）吧。
   Zánmen　　　　　　　ba.

3) 妈妈（　　）（　　　　）讲 故事。
   Māma　　　　　　　　jiǎng gùshi.

2 日本語に合うように語句を並べ替えなさい。

1) この中華まん，なかなかおいしいね。
   〔 好吃 / 包子 / 挺 / 的 / 这个 / 。〕
   　hǎochī　bāozi　tǐng　de　zhèige

2) あなたも見学してみるといいですよ。
   〔 参观 / 可以 / 你 / 一下 / 也 / 。〕
   　cānguān　kěyǐ　nǐ　yíxià　yě

3) 君まだ彼にメールしてないの？
   〔 还 / 给 / 你 / 他 / 吗 / 没 / 发 邮件 / ？〕
   　hái　gěi　nǐ　tā　ma　méi　fā yóujiàn

3 日本語を中国語に訳し，漢字・ピンインで書きなさい。

1) ちょっと一緒に散歩に行こうよ。

2) うちの大学には310人の留学生がいます。

3) 君の辞書ちょっと僕に見せてくれない？

4) この帽子はいくらですか？――2980円です。

说说看　値段の尋ね方　🎧63

多少 钱 一 斤？
Duōshao qián yì jīn?
500グラム（1斤）いくらですか？

三 块 五 一 斤。
Sān kuài wǔ yì jīn.
500グラムで3.5元です。

第9课 Dì jiǔ kè 中国語話せるよ —— 妹のチャイナドレス

🎧64

刘丽：你 有 没有 你 妹妹 的 照片？
　　　Nǐ yǒu méiyǒu nǐ mèimei de zhàopiàn?

亮平：等 一下。你 看，这 是 我 妹妹，她 也 会 说 汉语。
　　　Děng yíxià. Nǐ kàn, zhè shì wǒ mèimei, tā yě huì shuō Hànyǔ.

刘丽：她 还 穿着 旗袍 呢！好 漂亮！
　　　Tā hái chuānzhe qípáo ne! Hǎo piàoliang!

亮平：她 特别 喜欢 穿 旗袍，她 订做过 好几 件 旗袍。
　　　Tā tèbié xǐhuan chuān qípáo, tā dìngzuòguo hǎojǐ jiàn qípáo.

刘丽：在 日本 能 订做 吗？
　　　Zài Rìběn néng dìngzuò ma?

亮平：能，不过 她 一般 都 在 中国 订做。
　　　Néng, búguò tā yìbān dōu zài Zhōngguó dìngzuò.

刘丽：是 吗。那，你 和 她 用 汉语 说话 吗？
　　　Shì ma. Nà, nǐ hé tā yòng Hànyǔ shuōhuà ma?

亮平：我们 平时 在 家 里 都 用 汉语 说话。
　　　Wǒmen píngshí zài jiā li dōu yòng Hànyǔ shuōhuà.

🎧65

【語句】
照片 zhàopiàn：写真　会 huì：〜できる　说 shuō：話す　穿 chuān：着る　着 zhe：〜(し)ている　旗袍 qípáo：チャイナドレス　好 hǎo：すごく〜　漂亮 piàoliang：きれいだ　特别 tèbié：特に　订做 dìngzuò：オーダーして作る　过 guo：〜したことがある　好几 hǎojǐ：いくつも　能 néng：〜できる　不过 búguò：でも, だが　一般 yìbān：ふつう　是吗 shì ma：そうなんだ, そうなの？　和 hé 〜：〜と　说话 shuōhuà：話をする　平时 píngshí：普段

ポイント9

1 「〜したことがある」──過去の経験を表す助詞 "过" 🎧66

① 我 看过 中国 电影。
　 Wǒ kànguo Zhōngguó diànyǐng.

② 我 没(有) 去过 欧洲。
　 Wǒ méi(you) qùguo Ōuzhōu.

③ 你 吃过 北京 烤鸭 吗？／你 吃过 北京 烤鸭 没有？
　 Nǐ chīguo Běijīng kǎoyā ma? Nǐ chīguo Běijīng kǎoyā méiyou?

◆ "过" には「〜を済ませる」という意味もある。

　 我 已经 吃过 午饭 了。
　 Wǒ yǐjīng chīguo wǔfàn le.

→トレーニング9 ⓐⓒ

2 「〜している；〜してある」──持続を表す助詞 "着"

① 他 穿着 一 件 黑色 的 大衣。
　 Tā chuānzhe yí jiàn hēisè de dàyī.

② 学生证 要 带着 吗？
　 Xuéshēngzhèng yào dàizhe ma?

③ 你 爸爸 戴着 眼镜 吗？── 没(有) 戴着。
　 Nǐ bàba dàizhe yǎnjìng ma? Méi(you) dàizhe.

　動詞1＋"着"（＋目的語1）＋動詞2（＋目的語2） 「〜の状態で…する；〜のまま…する」

④ 服务员们 站着 聊天儿 呢。
　 Fúwùyuánmen zhànzhe liáotiānr ne.

⑤ 他 经常 坐着 睡觉。
　 Tā jīngcháng zuòzhe shuìjiào.

→トレーニング9 ⓑⓒ

3 「〜できる；〜する能力がある」──助動詞 "能"

① 下 星期六 你 能 来 吗？
　 Xià xīngqīliù nǐ néng lái ma?

② 你 能 不 能 帮 我 拿着？
　 Nǐ néng bu néng bāng wǒ názhe?

③ 他 感冒 了，不 能 去 了。
　 Tā gǎnmào le, bù néng qù le.

④ 你 不 能 一 个 人 去 旅游。
　 Nǐ bù néng yí ge rén qù lǚyóu.

⑤ 我 能 游 一千 米。
　 Wǒ néng yóu yìqiān mǐ.

⑥ 你 能 不 能 用 汉语 介绍 一下？
　 Nǐ néng bu néng yòng Hànyǔ jièshào yíxià?

→トレーニング9 ⓓ

4 「(マスターして)〜できる」「〜の可能性がある」──助動詞 "会"

① 刘 丽 会 说 日语。
　 Liú Lì huì shuō Rìyǔ.

② 你 会 不 会 开车？── 会。／不 会。
　 Nǐ huì bu huì kāichē? Huì. Bú huì.

③ 明天 可能 会 下雪。── 不 会 吧。
　 Míngtiān kěnéng huì xiàxuě. Bú huì ba.

④ 他 明年 一定 会 来 的。
　 Tā míngnián yídìng huì lái de.

→トレーニング9 ⓓ

トレーニング9

a 日本語に合うように（　）に適切な語を入れましょう。

1) 彼はかつて何冊も小説を書いたことがある。
   他　曾经　写（　　）好几　本　小说。
   Tā　céngjīng　xiě　　　　hǎojǐ　běn　xiǎoshuō.　　*曾经：かつて　　*小说：小説

2) 私はまだ京劇をみたことがない。
   我　还（　　）看（　　）京剧。
   Wǒ　hái　　　kàn　　　　Jīngjù.　　*京剧：京劇

3) あなたはもう朝食を済ませましたか？
   你　已经　吃（　　）早饭（　　）吗？
   Nǐ　yǐjīng　chī　　　zǎofàn　　　ma?

b 日本語に合うように語句を並べ替えましょう。

1) 彼女は白いスカートをはいている。
   〔 裙子 / 她 / 穿 / 白色的 / 一条 / 着 / 。〕
   　qúnzi　　tā　chuān　báisè de　yì tiáo　zhe
   　　　　　　　　　　　　　　　　　　*裙子：スカート　*白色：白

2) 彼は寝転がってゲームをしている。
   〔 呢 / 玩儿游戏 / 着 / 他 / 躺 / 。〕
   　ne　　wánr yóuxì　zhe　tā　tǎng
   　　　　　　　　　　　*玩儿游戏：ゲームをする　*躺：寝転がる

c それぞれの日本語にあたる中国語を書き入れ、一覧表を完成させましょう。

着る	着ない

着たことがある	着たことがない

着た	着なかった

着ている	着ていない

d 日本語に合うように、欠けている助動詞を（　）に入れましょう。

1) あなたはスキーができますか？——いいえ。　你（　　）滑雪　吗？— 不（　　）。
   *滑雪：スキーをする　　　　　　　　　　　　　Nǐ　　　　huáxuě ma?　　Bù

2) 今日は泳ぎに行けません。　今天　我　不（　　）去　游泳。
   　　　　　　　　　　　　　Jīntiān wǒ bù　　　　qù yóuyǒng.

3) ここは撮影OKですか？——だめです。　这儿（　　）照相　吗？— 不行。
   *照相：写真を撮る　　　　　　　　　　　Zhèr　　　　zhàoxiàng ma?　Bù xíng.

総合練習 9

1 発音を聞いて漢字とピンインで書きとりなさい。 🎧67

1)

2)

3)

2 日本語に合うように語句を並べ替えなさい。

1) 私は北京で北京ダックを食べたことがあります。

〔 在 / 我 / 过 / 北京 / 北京 烤鸭 / 吃 / 。〕
　zài　　wǒ　　guo　 Běijīng　 Běijīng kǎoyā　 chī

2) 彼女は今日黒いスカートをはいている。

〔 穿 / 今天 / 条 / 的 / 着 / 黑色 / 一 / 她 / 裙子 / 。〕
　chuān　jīntiān　tiáo　 de　 zhe　hēisè　yī　 tā　 qúnzi

3) メガネをしたまま寝てはいけません。

〔 不 / 戴 / 能 / 睡觉 / 你 / 眼镜 / 着 / 。〕
　bù　 dài　néng　shuìjiào　nǐ　yǎnjìng　zhe

3 日本語を中国語に訳し，漢字・ピンインで書きなさい。

1) あなたがたは携帯電話を見てはいけません。

2) あなたは中国語を話せますか？──いいえ。

3) 今晩雪が降るだろうか？──まさか。

4) 君はあのレストランで食事したことある？

说说看　値段交渉をする　🎧68

能 不 能 便宜 一点儿 ?
Néng bu néng piányi yìdiǎnr?
ちょっと安くできますか。

买 十 个 送 一 个。
Mǎi shí ge sòng yí ge.
10個買ったら1個おまけします。

第 10 课 Dì shí kè　まだ食事中？——母からの電話

🎧 69

妈妈：快　十　点　了，你　现在　在　哪儿？
　　　Kuài shí diǎn le, nǐ xiànzài zài nǎr?

亮平：我　跟　朋友　在　外面　吃　饭　呢。
　　　Wǒ gēn péngyou zài wàimian chī fàn ne.

妈妈：还　在　吃　饭　啊？你们　今天　玩儿得　开心　吗？
　　　Hái zài chī fàn a? Nǐmen jīntiān wánrde kāixīn ma?

亮平：嗯。有　什么　事儿？
　　　Ng. Yǒu shénme shìr?

妈妈：你　回来　的　时候　顺便　买　盒　牛奶　回来。
　　　Nǐ huílai de shíhou shùnbiàn mǎi hé niúnǎi huílai.

亮平：好　的。啊，我　的　手机　要　没　电　了。
　　　Hǎo de. A, wǒ de shǒujī yào méi diàn le.

妈妈：那　你们　要　注意　点儿。
　　　Nà nǐmen yào zhùyì diǎnr.

亮平：我　过　一会儿　就　回　家。
　　　Wǒ guò yíhuìr jiù huí jiā.

🎧 70

【語句】

快 kuài ～了 le：もうすぐ～（になる，する）　　在 zài ～（呢 ne）：～しているところだ　　外面 wàimian：外　　～得 de …：～するのが…だ　　开心 kāixīn：楽しい　　嗯 ng：うん〔あいづち〕　　～的时候 de shíhou：～の時　　顺便 shùnbiàn：ついでに　　盒 hé：〔容器に入ったものを数える量詞〕　　牛奶 niúnǎi：牛乳　　啊 a：あっ〔間投詞〕　　要 yào ～了 le：もうすぐ～（になる，する）　　没电 méi diàn：電池が切れる　　注意点儿 zhùyì diǎnr：（ちょっと）気を付ける　　过 guò：過ぎる　　一会儿 yíhuìr：ちょっとの間

ポイント10

1 時間量を表す語句 🎧71

一 年	两 个 月	三 个 星期	四 天
yì nián	liǎng ge yuè	sān ge xīngqī	sì tiān

五 个 小时	六 分钟	多 长 时间
wǔ ge xiǎoshí	liù fēnzhōng	duō cháng shíjiān

動詞＋時間量を表す語句（＋目的語）

① 你 每天 看 **多 长 时间** 电视？　② 他们 要 学 **六 个 月** 法语。
　　Nǐ měitiān kàn duō cháng shíjiān diànshì?　　Tāmen yào xué liù ge yuè Fǎyǔ.

③ 我 等了 她 **一 个 小时**。　④ 我们 已经 住了 **十 多 年** 了。
　　Wǒ děngle tā yí ge xiǎoshí.　　Wǒmen yǐjīng zhùle shí duō nián le.

※ 目的語が代詞のときは［動詞＋代詞＋時間量を表す語句］の順になる。　→トレーニング10 ⓐⓑ

2 「～するのが…だ」── 様態補語

主語＋動詞＋"得"＋形容詞句など

① 他 说得 很 好。　② 他 说得 好，我 说得 不 好。
　　Tā shuōde hěn hǎo.　　Tā shuōde hǎo, wǒ shuōde bù hǎo.

③ 他 说得 好 吗？/ 好 不 好？　④ 他 说得 怎么样？
　　Tā shuōde hǎo ma? / hǎo bu hǎo?　　Tā shuōde zěnmeyàng?

主語（＋動詞）＋目的語＋動詞＋"得"＋形容詞句など　※ 目的語の位置に注意

⑤ 他 说 汉语 说得 很 好。　⑥ 他 汉语 说得 非常 流利。
　　Tā shuō Hànyǔ shuōde hěn hǎo.　　Tā Hànyǔ shuōde fēicháng liúlì.

→トレーニング10 ⓒ

3 「～しているところだ」── 進行の表現

主語＋"(正)在"＋動詞（＋目的語）＋"呢"

① 奶奶（正）在 打 电话 呢。　② 他们（正）在 里边 开会 呢。
　　Nǎinai (zhèng) zài dǎ diànhuà ne.　　Tāmen (zhèng) zài lǐbian kāihuì ne.

※「ドコで～しているところだ」という場合は"在"の後に場所を入れる。　→トレーニング10 ⓓ

4 「もうすぐ～する；～しそうだ」── "快～了；要～了；就要～了"

① 水 **快** 开 **了**。　② 看 样子 **要** 下雨 **了**。
　　Shuǐ kuài kāi le.　　Kàn yàngzi yào xiàyǔ le.

③ 新干线 **就 要** 到 京都 站 **了**。　④ 他 下 个 月 **就 要** 搬家 **了**。
　　Xīngànxiàn jiù yào dào Jīngdū zhàn le.　　Tā xià ge yuè jiù yào bānjiā le.

→トレーニング10 ⓔ

トレーニング10

[a] 次の質問に中国語で答えましょう。

1) 一年有几个月？
   Yì nián yǒu jǐ ge yuè?

2) 你昨天睡了几个小时？
   Nǐ zuótiān shuìle jǐ ge xiǎoshí?

3) 一个星期有几天？
   Yí ge xīngqī yǒu jǐ tiān?

4) 你们大学一节课是多少分钟？
   Nǐmen dàxué yì jié kè shì duōshao fēnzhōng?

   ＊睡：眠る　＊节：〜コマ

[b] 日本語に合うように語句を並べ替えましょう。

1) 私は午後ピアノを3時間弾きました。　　　　　　　　　＊弹钢琴：ピアノを弾く

   〔 下午 / 我 / 钢琴 / 弹 / 三个小时 / 了 / 。〕
     xiàwǔ wǒ gāngqín tán sān ge xiǎoshí le

2) 私は一昨日あなたを30分待ちました。　　　　　　　　＊前天：一昨日

   〔 前天 / 我 / 你 / 等 / 三十分钟 / 了 / 。〕
     qiántiān wǒ nǐ děng sānshí fēnzhōng le

[c] 日本語に合うように〔 〕の語句を並べ替えましょう。

1) 彼は絵を描くのがとてもうまい。　　　　　　　　　　＊画画儿：絵を描く

   他〔 得 / 画 / 画 / 画儿 〕非常好看。
   Tā de huà huà huàr fēicháng hǎokàn.

2) 私は卓球があまりうまくない。　　　　　　　　　　　＊乒乓球：卓球

   我〔 得 / 打 / 打 / 乒乓球 〕不太好。
   Wǒ de dǎ dǎ pīngpāngqiú bú tài hǎo.

3) この料理はおいしくできている。

   〔 做 / 这个 / 得 / 菜 〕很好吃。
     zuò zhèige de cài hěn hǎochī.

[d] （ ）の語句を使って「彼は〜しているところだ」と答えましょう。

   他在干什么呢？　　　　　他（正）在＿＿＿＿＿呢。　＊干：する
   Tā zài gàn shénme ne?   Tā (zhèng) zài　　　　　ne.

   （ 上课 / 跑步 / 洗澡 / 打扫 房间 / 上网 ）
     shàngkè pǎobù xǐzǎo dǎsǎo fángjiān shàngwǎng
   （授業に出る）（ジョギングをする）（入浴する）（部屋を掃除する）（インターネットを利用する）

[e] 次の語句を使って「もうすぐ〜だ」と言ってみましょう。

   十二点 / 两年 / 考试 / 下课 / 毕业（卒業する）
   shí'èr diǎn liǎng nián kǎoshì xiàkè bìyè

総合練習 10

1 発音を聞いて漢字とピンインで書きとりなさい。 🎧72

1)

2)

3)

2 日本語に合うように語句を並べ替えなさい。

1) ついでにアイス買って帰ってきて。

〔 回来 / 盒 / 顺便 / 买 / 你 / 冰淇淋 / 。〕
　 huílai　 hé　 shùnbiàn　mǎi　 nǐ　 bīngqílín

2) 私はちょっとしたらすぐ手伝いに来ます。

〔 我 / 你 / 就 / 来 / 过 / 帮 / 一会儿 / 。〕
　 wǒ　 nǐ　 jiù　 lái　 guò　 bāng　 yíhuìr

3) 彼は卓球をするのがうまいですか？

〔 得 / 乒乓球 / 他 / 不 / 好 / 好 / 打 / ？〕
　 de　 pīngpāngqiú　 tā　 bù　 hǎo　 hǎo　 dǎ

3 日本語を中国語に訳し，漢字・ピンインで書きなさい。

1) 姉は来年にはもう卒業します。

2) 彼のお兄さんはピアノを弾くのがとりわけうまい。

3) おじいちゃんは部屋で休んでいます。

4) もう12時になる。お前はもうゲームを3時間もしているよ。

说说看　電話をかける　🎧73

喂，　是　王　老师　家　吗？　现在　可　不　可以　打扰　您　一下？
Wéi,　shì　Wáng　lǎoshī　jiā　ma?　Xiànzài　kě　bu　kěyǐ　dǎrǎo　nín　yíxià?
もしもし、王先生のお宅ですか。　　　　今お話ししてもよろしいですか。

第 11 课 Dì shíyī kè 心配しないで —— 娘の成績

爸爸：香香 的 期末 考试 考完 了 吗？
　　　Xiāngxiang de qīmò kǎoshì kǎowán le ma?

妈妈：已经 考完 了。她 这 次 考得 不 太 理想。
　　　Yǐjīng kǎowán le. Tā zhèi cì kǎode bú tài lǐxiǎng.

爸爸：跟 上 次 比 怎么样？
　　　Gēn shàng cì bǐ zěnmeyàng?

妈妈：英语 比 上 次 好 一点儿，数学 没有 上 次 好。
　　　Yīngyǔ bǐ shàng cì hǎo yìdiǎnr, shùxué méiyǒu shàng cì hǎo.

爸爸：她 每周 去 三 次 补习班，成绩 怎么 还 不 好？
　　　Tā měizhōu qù sān cì bǔxíbān, chéngjì zěnme hái bù hǎo?

妈妈：别 担心，离 考 大学 还 有 一 年 的 时间 呢。
　　　Bié dānxīn, lí kǎo dàxué hái yǒu yì nián de shíjiān ne.

爸爸：虽说 一 年 的 时间，但 很 快 就 过去 了。
　　　Suīshuō yì nián de shíjiān, dàn hěn kuài jiù guòqu le.

妈妈：好 了 好 了，饭 已经 做好 了。我们 吃 饭 吧。
　　　Hǎo le hǎo le, fàn yǐjīng zuòhǎo le. Wǒmen chī fàn ba.

【語句】

期末 qīmò：期末　　考 kǎo：試験を受ける　　～完 wán：～し終わる　　次 cì：～回（这次 zhèi cì：今回，上次 shàng cì：前回）　　理想 lǐxiǎng：理想的だ，満足である　　跟 gēn ～比 bǐ：～と比べると　　英语 Yīngyǔ：英語　　比 bǐ ～：～より　　一点儿 yìdiǎnr：ちょっと　　数学 shùxué：数学　　没有 méiyǒu：（～ほど）…ない　　每周 měizhōu：毎週　　补习班 bǔxíbān：塾　　成绩 chéngjì：成績　　怎么 zěnme：どうして　　别 bié：～しないで　　担心 dānxīn：心配する　　虽说 suīshuō ～但 dàn …：～とは言うものの…　　快 kuài：速い　　过去 guòqu：過ぎ去る　　好了 hǎo le：はい，わかった　　～好 hǎo：ちゃんと～し終わる

ポイント 11

1 回数を表す語句 🎧76

> 動詞 ＋ 回数を表す語句（＋ 目的語）

① 我 看过 两 次 中国 电影。
　　Wǒ kànguo liǎng cì Zhōngguó diànyǐng.

② 我 见过 她 一 次。
　　Wǒ jiànguo tā yí cì.

③ 回 一 趟 老家
　　huí yí tàng lǎojiā

④ 再 说 一 遍
　　zài shuō yí biàn

⑤ 吃 三 顿 饭
　　chī sān dùn fàn

※ 目的語が代詞のときは［動詞＋代詞＋回数を表す語句］の順になる。　→トレーニング11 ⓐ

2 動作の結果の表し方 —— 結果補語

> 動詞 ＋ 結果を表す動詞／形容詞

① 我们 吃**完** 晚饭 了。
　　Wǒmen chīwán wǎnfàn le.

② 我 还 没(有) 预习**好**。
　　Wǒ hái méi(you) yùxíhǎo.

③ 我 说 的 汉语，你 听**懂** 了 吗？
　　Wǒ shuō de Hànyǔ, nǐ tīngdǒng le ma?

④ 我 跑**累** 了。
　　Wǒ pǎolèi le.

⑤ 我 已经 找**到** 工作 了。
　　Wǒ yǐjīng zhǎodào gōngzuò le.

⑥ 你 写**错**了 很 多 字。
　　Nǐ xiěcuòle hěn duō zì.

→トレーニング11 ⓑ

3 比較の言い方

> A ＋ "比" ＋ B ＋ 形容詞（＋ 差の量）　AはBより（どれだけ）〜だ

① 这个 比 那个 贵。
　　Zhèige bǐ nèige guì.

② 这个 比 那个 贵 一点儿。
　　Zhèige bǐ nèige guì yìdiǎnr.

③ 这个 比 那个 贵 十 块 钱。
　　Zhèige bǐ nèige guì shí kuài qián.

④ 这个 比 那个 贵 多 了。
　　Zhèige bǐ nèige guì duō le.

> A ＋ "没有" ＋ B （＋ 那么）＋ 形容詞　AはBほど〜でない

⑤ 这个 没有 那个 (那么) 贵。
　　Zhèige méiyǒu nèige (nàme) guì.

⑥ 我 姐姐 没有 你 (那么) 高。
　　Wǒ jiějie méiyǒu nǐ (nàme) gāo.

> A ＋ "跟" ＋ B ＋ "一样／不一样"　AはBと同じだ／違う

⑦ 这 件 衬衫 跟 他 的 一样 ／ 不 一样。
　　Zhèi jiàn chènshān gēn tā de yíyàng / bù yíyàng.

→トレーニング11 ⓒ

4 「〜するな；〜しないで」—— 副詞 "不要、别"

① 不要 随便 扔 垃圾。
　　Búyào suíbiàn rēng lājī.

② 你 别 开 玩笑。
　　Nǐ bié kāi wánxiào.

→トレーニング11 ⓓ

トレーニング11

a 日本語に合うように語句を並べ替えましょう。

1) 課文をもう一遍読んでください。　〔 念 / 你 / 课文 / 再 / 一遍 / 。〕
   *课文：課文　　　　　　　　　niàn　nǐ　kèwén　zài　yí biàn

2) 彼にちょっと聞いてみなければ。　〔 我 / 一下 / 他 / 问 / 要 / 。〕
   　　　　　　　　　　　　　　　 wǒ　yíxià　tā　wèn　yào

3) 彼は2回引っ越ししたことがある。　〔 搬 / 他 / 家 / 两次 / 过 / 。〕
   　　　　　　　　　　　　　　　　bān　tā　jiā　liǎng cì　guo

b 日本語を参考に，（　）に適切な結果補語を入れましょう。

1) 我们 学（　　）第 十 课 了。　　　第10課まで学んだ。
   Wǒmen xué　　　 dì shí kè le.

2) 我 没 听（　　）。　　　　　　　　聞いてわからなかった。
   Wǒ méi tīng

3) 你 走（　　）了 吧？　　　　　　　歩き疲れたでしょう？
   Nǐ zǒu　　　 le ba?　　　　　　　　　　　　　　　　*走：歩く

4) 你 已经 准备（　　）了 吗？　　　もうちゃんと準備し終わった？
   Nǐ yǐjīng zhǔnbèi　　　 le ma?

c 日本語に合うように（　）に適切な語句を入れましょう。

1) 今日は昨日よりちょっと涼しい。

   今天（　　　）昨天 凉快（　　　　）。
   Jīntiān　　　　zuótiān liángkuai　　　　　　　　　　*凉快：涼しい

2) 北京の冬は上海よりずっと寒い。

   北京 的 冬天（　　　）上海 冷（　　　　）。
   Běijīng de dōngtiān　　　 Shànghǎi lěng　　　　　　*冬天：冬

3) この服はあの服ほど暖かくない。

   这 件 衣服（　　　　）（　　　　　）暖和。
   Zhèi jiàn yīfu　　　　　　　　　　　nuǎnhuo.　　　*暖和：暖かい

4) 彼女がしている手袋は私のと同じだ。

   她 戴 的 手套儿（　　　）我 的（　　　　）。
   Tā dài de shǒutàor　　　　wǒ de　　　　　　　　　*手套儿：手袋

d それぞれの語句を使い，「～するな；～しないで」と中国語で言ってみましょう。

1) 迟到（遅刻する）　　2) 着急（慌てる）　　3) 生气（怒る）
   chídào　　　　　　　　zháojí　　　　　　　　shēngqì

55

総合練習 11

1 発音を聞いて漢字とピンインで書きとりなさい。 🎧77

1)

2)

3)

2 日本語に合うように語句を並べ替えなさい。

1) 中国と比べてどうですか？

〔 比 / 怎么样 / 跟 / 中国 / ？ 〕
　bǐ　　zěnmeyàng　　gēn　　Zhōngguó

2) 1年に何回帰省しますか？

〔 回 / 一 / 几 / 你 / 老家 / 趟 / 年 / ？ 〕
　huí　yī　jǐ　nǐ　lǎojiā　tàng　nián

3) お兄ちゃんは君よりいくつ大きいの？

〔 你 / 你 / 几 / 大 / 比 / 哥哥 / 岁 / ？ 〕
　nǐ　nǐ　jǐ　dà　bǐ　gēge　suì

3 日本語を中国語に訳し，漢字・ピンインで書きなさい。

1) 私は彼に一度会ったことがある。

2) 勝手に私の手袋をしないで。

3) 祖母の話すフランス語は私よりずっと流暢だ。

4) 資料は読み終わりましたか？――読み終わりました。でも私は読んでわかりませんでした。

🎧78

| 说说看 | 看板で見かける禁止表現 |

请　勿　拍照　　　　游客　止步　　　　禁止　吸烟
qǐng　wù　pāizhào　　yóukè　zhǐbù　　jìnzhǐ　xīyān
（撮影禁止）　　　　（立入禁止）　　　（喫煙禁止）

第 12 课 両親が帰ってくるようにって —— 旧正月の予定

Dì shí'èr kè

亮平： 你 春节 的 时候 打算 回 国 吗？
　　　Nǐ Chūnjié de shíhou dǎsuàn huí guó ma?

刘丽： 我 本来 不 想 回去 过年，但是 我 父母 让 我
　　　Wǒ běnlái bù xiǎng huíqu guònián, dànshì wǒ fùmǔ ràng wǒ

　　　回去。
　　　huíqu.

亮平： 你 要 给 他们 带 东西 吗？
　　　Nǐ yào gěi tāmen dài dōngxi ma?

刘丽： 我 想 买 些 日本 的 化妆品 带回 中国 去。
　　　Wǒ xiǎng mǎi xiē Rìběn de huàzhuāngpǐn dàihuí Zhōngguó qù.

亮平： 你 已经 买 了 吗？
　　　Nǐ yǐjīng mǎi le ma?

刘丽： 买 了，是 上 星期 在 百货 商店 买 的。
　　　Mǎi le, shì shàng xīngqī zài bǎihuò shāngdiàn mǎi de.

亮平： 百货 商店 的 东西 太 贵 了 吧？
　　　Bǎihuò shāngdiàn de dōngxi tài guì le ba?

刘丽： 有点儿 贵，但是 质量 好。
　　　Yǒudiǎnr guì, dànshì zhìliàng hǎo.

【語句】

春节 Chūnjié：春節，旧正月　　打算 dǎsuàn：～するつもりだ　　国 guó：国　　本来 běnlái：元々は，本当は　　回去 huíqu：帰って行く　　过年 guònián：年越しをする，新年を祝う　　但是 dànshì：しかし　　父母 fùmǔ：両親　　让 ràng：(誰に)～させる，～するよう言う　　化妆品 huàzhuāngpǐn：化粧品　　带回去 dàihuíqu：持って帰って行く　　是 shì…的 de：(どのように)～したのだ　　上星期 shàng xīngqī：先週　　百货商店 bǎihuò shāngdiàn：デパート　　太 tài（～了 le）：あまりに～だ，～すぎる　　质量 zhìliàng：品質

ポイント 12

1 方向や移動を補う表現 ── 方向補語 🎧81

動詞 ＋ 方向・移動を表す動詞

1) 動詞 ＋ "来、去"　　回**来** 　出**去** 　拿**来**
　　　　　　　　　　　huílai　 chūqu　 nálai

2) 動詞 ＋ "上、下、进、出、回、过、起"（＋ 目的語）
　　　　　　　　　　　跑**进**（教室）　　　放**回**（抽屉 里）
　　　　　　　　　　　pǎojìn （jiàoshì）　　fànghuí （chōuti li）

3) 動詞 ＋ "上来、上去…起来"　走**进来** 　跑**出去** 　买**回来** 　站**起来**
　　　　　　　　　　　　　　zǒujìnlai　pǎochūqu　mǎihuílai　zhànqǐlai

◆ 場所の目的語は必ず"来、去"の前に置く。

① 回　宿舍　**来**　　　② 跑进　办公室　**去**
　huí　sùshè　lái　　　　pǎojìn　bàngōngshì　qù

③ 带　苹果　**去**　　　④ 带来了　一些　橘子
　dài　píngguǒ　qù　　　 dàilaile　yìxiē　júzi

→トレーニング12 ⓐⓑ

2 「A は B に〜させる；するよう言う」 ── 使役の言い方

A ＋ 使役動詞 "让" ＋ B ＋ 動詞（＋ 目的語）

① 妈妈　**让**　我　好好儿　学习。　② 爸爸　不　**让**　我　跟　小　李　联系。
　Māma　ràng　wǒ　hǎohāor　xuéxí.　　Bàba　bú　ràng　wǒ　gēn　Xiǎo　Lǐ　liánxì.

→トレーニング12 ⓒ

3 「いつ／どこで／誰が／どのように〜したのだ」 ── "(是)〜的"構文

（"是"）＋ いつ／どこで／誰が／どのように ＋ 動詞（＋ 目的語）＋ "的"（＋ 目的語）

① 他　（**是**）　什么　时候　回来　**的**？
　Tā　(shì)　shénme　shíhou　huílai　de?

② **是**　他　写　**的**，不　**是**　我　写　**的**。
　Shì　tā　xiě　de,　bú　shì　wǒ　xiě　de.

③ 你　（**是**）　在　哪儿　买　**的**　这　条　领带？／
　Nǐ　(shì)　zài　nǎr　mǎi　de　zhèi　tiáo　lǐngdài?
　你　（**是**）　在　哪儿　买　这　条　领带　**的**？
　Nǐ　(shì)　zài　nǎr　mǎi　zhèi　tiáo　lǐngdài　de?

→トレーニング12 ⓓ

4 2つの「ちょっと」 ── "有点儿"と"一点儿"

副詞 "有点儿" ＋ 形容詞　　　　　　**形容詞／動詞 ＋ 数量 "一点儿"**

有点儿　贵　　　**有点儿**　脏　　　好　**一点儿**　　　喝　**一点儿**（啤酒）
yǒudiǎnr　guì　　　yǒudiǎnr　zāng　　hǎo　yìdiǎnr　　　hē　yìdiǎnr　(píjiǔ)

→トレーニング12 ⓔ

トレーニング 12

a 1) と 2) を組み合わせて方向補語の表を完成させましょう。

1) \ 2)	上 shàng	下 xià	进 jìn	出 chū	回 huí	过 guò	起 qǐ
来 lai	上来						
去 qu	上去						✕

b a の表を参考に、それぞれ中国語で言ってみましょう。

1) 上がっていく　　2) 下りてくる　　3) 走って上がっていく

4) 歩いて下りてくる　　5) 寮に帰っていく　　6) 走って寮に帰っていく

c 日本語に合うように〔　〕の語句を並べ替えましょう。

1) 先生は明日昼食を持ってくるよう言った。

　〔 让 / 我们 / 老师 〕明天　带　午饭　来。
　　ràng　wǒmen　lǎoshī　　míngtiān　dài　wǔfàn　lái.

2) 医者は父に塩辛いものを食べさせない。　　＊医生：医者　＊咸：塩辛い

　医生〔 让 / 吃 / 爸爸 / 不 〕太 咸 的 东西。
　Yīshēng　ràng　chī　bàba　bù　　tài　xián　de　dōngxi.

d 日本語に合うように語句を並べ替えましょう。

1) 私は去年卒業したのではありません。　　＊去年：去年

　〔 不 / 毕业 / 的 / 我 / 是 / 去年 / 。〕
　　bù　bìyè　de　wǒ　shì　qùnián

2) あなたは電車で来たのですか？　　＊电车：電車

　〔 的 / 坐 / 你 / 来 / 电车 / 吗 / 是 / ？〕
　　de　zuò　nǐ　lái　diànchē　ma　shì

3) あなた方はどうやって知り合ったのですか？　　＊认识：知り合う

　〔 怎么 / 是 / 你们 / 的 / 认识 / ？〕
　　zěnme　shì　nǐmen　de　rènshi

e (　) に "有点儿" または "一点儿" を入れて訳しましょう。

1) 今天 (　　　) 热。　　2) 今天 比 昨天 热 (　　　)。
　Jīntiān　　　rè.　　　　Jīntiān　bǐ　zuótiān　rè

3) 我 想 吃 (　　　) 甜 的。　　4) 我 肚子 (　　　) 不 舒服。
　Wǒ xiǎng chī　　　tián de.　　Wǒ　dùzi　　　　bù　shūfu.

＊甜的：甘いもの　＊肚子：おなか　＊舒服：気持ちがよい

総合練習 12

1 発音を聞いて漢字とピンインで書きとりなさい。 🎧82

1)

2)

3)

2 日本語に合うように語句を並べ替えなさい。

1) 本当は彼を連れて行きたくなかった。
   〔 不 / 我 / 去 / 想 / 本来 / 带 / 他 / 。〕
     bù   wǒ   qù   xiǎng   běnlái   dài   tā

2) もうちょっと考えさせて。
   〔 吧 / 想 / 想 / 再 / 我 / 你 / 一 / 让 / 。〕
     ba   xiǎng xiǎng zài   wǒ   nǐ   yī   ràng

3) 使い終わったら引き出しに戻してください。
   〔 放回 / 你 / 用完 / 抽屉 里 / 请 / 了 / , / 。〕
     fànghuí   nǐ   yòngwán   chōuti li   qǐng   le

3 日本語を中国語に訳し，漢字・ピンインで書きなさい。

1) 私はちょっとしょっぱいものが食べたい。

2) うちの両親は私を 1 人で旅行に行かせてくれない。

3) 彼は冷蔵庫からビールを 2 本取り出した。

4) 私は車を運転してきたのではありません，自転車で来たのです。

🎧83

> **说说看**　人を紹介する
>
> 请　让　我　介绍　一下。　这　位　是　王　教授。
> Qǐng ràng wǒ jièshào yíxià.　Zhèi wèi shì Wáng jiàoshòu.
> ちょっと紹介させてください。　こちらは王教授です。

よく使う語句のまとめ

1 親族名称・呼称

祖父(父方)	祖母(父方)	祖父(母方)	祖母(母方)
(祖父) zǔfù	(祖母) zǔmǔ	(外祖父) wàizǔfù	(外祖母) wàizǔmǔ

おじいちゃん(父方)	おばあちゃん(父方)	おじいちゃん(母方)	おばあちゃん(母方)
爷爷 yéye	奶奶 nǎinai	姥爷 lǎoye	姥姥 lǎolao

父	お父さん	母	お母さん
(父亲) fùqin	爸爸 bàba	(母亲) mǔqin	妈妈 māma

兄, お兄さん	弟	姉, お姉さん	妹
哥哥 gēge	弟弟 dìdi	姐姐 jiějie	妹妹 mèimei

※ ( ) は改まった言い方。呼びかけには使わない。

2 疑問を表す語句

なに,何の	だれ	どの~	どこ	どう
什么 shénme	谁 shéi	哪+量詞(+名詞) nǎ / něi	哪儿 / 哪里 nǎr　　nǎli	怎么样 zěnmeyàng

いくつ〔10以下〕	いくつ	いくら〔値段〕	どうやって,なぜ	なぜ
几 jǐ	多少 duōshao	多少钱 duōshao qián	怎么 zěnme	为什么 wèi shénme

どのくらい~	どのくらい遠い	(子供に)何歳	何歳	(年長者に)何歳
多+形容詞 duō	多远 duō yuǎn	几岁 jǐ suì	多大 duō dà	多大年纪 duō dà niánjì

何月何日	何曜日	何時	いつ	どのくらいの間
几月几号 jǐ yuè jǐ hào	星期几 xīngqījǐ	几点 jǐ diǎn	什么时候 shénme shíhou	多长时间 duō cháng shíjiān

何年間	何日間	何か月	何週間	何時間
几年 jǐ nián	几天 jǐ tiān	几个月 jǐ ge yuè	几个星期 jǐ ge xīngqī	几个小时 jǐ ge xiǎoshí

3 よく使う量詞

	数えるもの	組み合わせる名詞の例
个 ge	一般の事物に広く用いられる。人も数える。 ※ 丁寧に人を数えるときは"位 wèi"、家族全体の人数を数えるときは"口 kǒu"を使う。	苹果 píngguǒ、人 rén、学生 xuésheng 【使用例】一位老师 yí wèi lǎoshī（1名の先生） 　　　　四口人 sì kǒu rén（4人家族）
本 běn	本など（〜冊）	书 shū、杂志 zázhì、词典 cídiǎn
把 bǎ	握る部分があるもの	雨伞 yǔsǎn、椅子 yǐzi
支／枝 zhī	棒状のもの（〜本）	笔 bǐ、烟 yān（タバコ）
条 tiáo	細長くてしなやかなもの	路 lù、领带 lǐngdài、裤子 kùzi
件 jiàn	衣服（〜着・枚）	衣服 yīfu、毛衣 máoyī
	事柄、用事	事儿 shìr
顶 dǐng	帽子などてっぺんのあるもの	帽子 màozi
张 zhāng	平面のあるもの	桌子 zhuōzi、床 chuáng（ベッド）
	紙（〜枚）	纸 zhǐ、票 piào
台 tái	機械（〜台）	电脑 diànnǎo、冰箱 bīngxiāng
辆 liàng	車両（〜台）	车 chē、自行车 zìxíngchē
家 jiā	店や企業	商店 shāngdiàn、公司 gōngsī
封 fēng	手紙など（〜通）	信 xìn
部 bù	映画など	电影 diànyǐng
道 dào	問題など	题 tí
节 jié	授業など区切りのあるもの	课 kè
块 kuài	かたまり状のもの	面包 miànbāo、手表 shǒubiǎo
	通貨の単位（〜元、〜円）	【使用例】一百块钱 yìbǎi kuài qián（100元）
米 mǐ	メートル	【使用例】一千米 yìqiān mǐ（1000メートル）
种 zhǒng	種類（〜種）	【使用例】三种药 sān zhǒng yào（3種類の薬）
只 zhī	動物（〜匹）	狗 gǒu、猫 māo
	ペアの片方	【使用例】一只鞋 yì zhī xié（片方の靴）
双 shuāng	ペアになったもの	鞋 xié、手套儿 shǒutàor、筷子 kuàizi
杯 bēi	カップ・グラスに入ったもの	茶 chá、咖啡 kāfēi
碗 wǎn	茶碗・丼に入ったもの	面条 miàntiáo、米饭 mǐfàn
瓶 píng	瓶に入ったもの	啤酒 píjiǔ、可乐 kělè（コーラ）
盒 hé	小さめの箱や容器に入ったもの	牛奶 niúnǎi、冰淇淋 bīngqílín

◆ 動作を数える量詞

	数える動作	使用例
次 cì	幅広く回数を数える（〜回）。	看一次 kàn yí cì（一度見る）
遍 biàn	動作の最初から最後までを通して数える（〜遍）。	念一遍 niàn yí biàn（一遍読む）
趟 tàng	往復する動作を数える。	去一趟 qù yí tàng（一度行く）
顿 dùn	食事，叱責，殴打を数える。	吃一顿 chī yí dùn（1 回食べる）

4 時を表す語句 （日付→ p.11，時刻→ p.38）

おととし	きょねん	ことし	らいねん	さらいねん
前年 qiánnián	去年 qùnián	今年 jīnnián	明年 míngnián	后年 hòunián

おととい	きのう	きょう	あす	あさって
前天 qiántiān	昨天 zuótiān	今天 jīntiān	明天 míngtiān	后天 hòutiān

せんげつ	こんげつ	らいげつ
上(个)月 shàng (ge) yuè	这个月 zhèige yuè	下(个)月 xià (ge) yuè

せんしゅう	こんしゅう	らいしゅう
上(个)星期 shàng (ge) xīngqī	这个星期 zhèige xīngqī	下(个)星期 xià (ge) xīngqī

あさ	ごぜん	ひる	ごご	よる
早上 zǎoshang	上午 shàngwǔ	中午 zhōngwǔ	下午 xiàwǔ	晚上 wǎnshang

5 時間量を表す語句 （→ p.50）

〜年間	一年 yì nián	两年 liǎng nián	……	十二年	……
〜日間	一天 yì tiān	两天	……	十二天	……
〜か月間	一个月 yí ge yuè	两个月	……	十二个月	……
〜週間	一个星期 yí ge xīngqī	两个星期	……	十二个星期	……
〜時間	一个小时 yí ge xiǎoshí	两个小时	……	十二个小时	……
〜分間	一分钟 yì fēnzhōng	两分钟	……	十二分钟	……

ステップアップ1 >> どうやって解いたらいい？──数学の宿題

🎧84

香香： 哥，你 现在 忙 不 忙？
　　　Gē, nǐ xiànzài máng bu máng?

亮平： 有 什么 事儿？
　　　Yǒu shénme shìr?

香香： 我 有 一 道 数学 题 不 知道 该 怎么 解答。
　　　Wǒ yǒu yí dào shùxué tí bù zhīdào gāi zěnme jiědá.

亮平： 那 你 把 它 拿过来 给 我 看看。
　　　Nà nǐ bǎ tā náguòlai gěi wǒ kànkan.

香香： 你 看，这 道 题 太 难 了！
　　　Nǐ kàn, zhèi dào tí tài nán le!

亮平： 你 连 这么 简单 的 题 都 不 会 啊！
　　　Nǐ lián zhème jiǎndān de tí dōu bú huì a!

・・・・・・・・・・

香香： 我 终于 明白 了。
　　　Wǒ zhōngyú míngbai le.

亮平： 如果 还 有 不 懂 的 地方 就 拿过来，我 教 你。
　　　Rúguǒ hái yǒu bù dǒng de dìfang jiù náguòlai, wǒ jiāo nǐ.

🎧85

【語句】

哥 gē：お兄ちゃん〔呼びかけ〕　　道 dào：〔問題などを数える量詞〕　　题 tí：問題　　该 gāi：～すべきだ　　解答 jiědá：解答する　　把 bǎ ～：～を　　它 tā：それ　　难 nán：難しい　　连 lián ～ 都 dōu …：～さえ…　　这么 zhème：このように，こんなに　　简单 jiǎndān：簡単だ　　会 huì：わかる，できる　　终于 zhōngyú：ついに，とうとう　　明白 míngbai：わかる　　如果 rúguǒ ～ 就 jiù …：もし～なら…　　懂 dǒng：わかる　　地方 dìfang：場所，ところ

Step up　ポイント1

1「(当然)～すべきだ」── 助動詞 "该、应该"　🎧86

① 你们 **应该** 好好儿 练习 发音。
　Nǐmen yīnggāi hǎohāor liànxí fāyīn.

② 你 不 **应该** 这么 说。
　Nǐ bù yīnggāi zhème shuō.

③ 我 **该** 怎么 办？
　Wǒ gāi zěnme bàn?

④ 这么 晚 了，我 **该** 走 了。
　Zhème wǎn le, wǒ gāi zǒu le.

→トレーニング1 ⓐ

2「(その)～を…する(してどうする)」── 介詞 "把"

主語 +【"把" + 目的語】+ 動詞 + 補語／目的語／重ね型／"了" など

① 你 **把** 书包 放在 椅子 上。
　Nǐ bǎ shūbāo fàngzài yǐzi shang.

② 我 还 没(有) **把** 作业 做好。
　Wǒ hái méi(you) bǎ zuòyè zuòhǎo.

③ 你 快 **把** 行李 搬到 那边。
　Nǐ kuài bǎ xíngli bāndào nèibian.

④ 我 想 **把** 打印机 退回去。
　Wǒ xiǎng bǎ dǎyìnjī tuìhuíqu.

⑤ 你 **把** 鞋 擦一擦！
　Nǐ bǎ xié cāyicā!

⑥ 糟糕！我 **把** 钥匙 丢 了。
　Zāogāo! Wǒ bǎ yàoshi diū le.

→トレーニング1 ⓑ

3「～する…がある／ない」── "有" を使った補足

"有" + 目的語1 + 動詞（+ 目的語2）

① 我 **有** 一 件 事儿 要 跟 您 商量 一下。
　Wǒ yǒu yí jiàn shìr yào gēn nín shāngliang yíxià.

② 今天 **没有** 时间 去 还 书。
　Jīntiān méiyǒu shíjiān qù huán shū.

③ 你 **有 没有** 机会 说 汉语？
　Nǐ yǒu méiyǒu jīhuì shuō Hànyǔ?

④ 很 抱歉，我 真的 **没有** 办法 帮助 你。
　Hěn bàoqiàn, wǒ zhēnde méiyǒu bànfǎ bāngzhù nǐ.

→トレーニング1 ⓒ

4「～さえ…」── 強調構文(1)

"连" + 目的語 + "也／都" + …

① 这么 简单 的 词 **连** 小孩儿 **都** 知道。
　Zhème jiǎndān de cí lián xiǎoháir dōu zhīdao.

② 他 **连** 课本 **也** 没 带来。
　Tā lián kèběn yě méi dàilai.

③ 她 **连** 飞机 **都** 会 开，真 了不起！
　Tā lián fēijī dōu huì kāi, zhēn liǎobuqǐ!

④ 这么 难 的 书 **连** 看 **也** 不 想 看。
　Zhème nán de shū lián kàn yě bù xiǎng kàn.

→トレーニング1 ⓓ

Step up トレーニング1

a 日本語に合うように語句を並べ替えましょう。

1) あなたは状況をちょっと理解すべきだ。
   〔 情况 / 应该 / 你 / 一下 / 了解 〕。
   　qíngkuàng　yīnggāi　nǐ　yíxià　liǎojiě

   ＊情况：状況　＊了解：理解する

2) 私はどう答えるべきかわからない。
   〔 不　知道 / 回答 / 我 / 怎么 / 该 〕。
   　bù　zhīdào　huídá　wǒ　zěnme　gāi

   ＊回答：答える

b 与えられた語句を使って"把"の文で言ってみましょう。

1) どうぞドアを閉めてください。（ 门 mén（ドア），关上 guānshang（閉める） ）

2) はやく窓を開けてください。（ 窗户 chuānghu（窓），打开 dǎkāi（開ける） ）

3) 私は日本円を人民元に両替したい。
   （ 日元 Rìyuán（日本円），人民币 rénmínbì（人民元），换成 huànchéng（〜に換える） ）

c 日本語に合うように語句を並べ替えましょう。

1) 普段は車を運転する機会がない。
   平时〔 开车 / 机会 / 没有 〕。
   Píngshí　kāichē　jīhuì　méiyǒu

2) 出勤前に洗濯をする時間がありますか？
   上班　前　你〔 时间 / 有 / 洗　衣服 / 没有 〕？
   Shàngbān qián nǐ　shíjiān　yǒu　xǐ yīfu　méiyǒu

   ＊〜前：〜する前　＊洗：洗う

d 例にならって語句を並べ替え,「〜さえ…」と中国語で言ってみましょう。

例) 她　会　说　上海话。　→　她 连 上海话 也／都 会 说。
　　Tā huì shuō Shànghǎihuà.

   ＊上海话：上海語

1) 他　不　会　骑　自行车。　→　彼は自転車さえ乗ることができない。
   Tā bú huì qí zìxíngchē.

2) 他　没有　喝过　乌龙茶。　→　彼はウーロン茶さえ飲んだことがない。
   Tā méiyou hēguo wūlóngchá.

3) 我　知道　这　首　歌。　→　この歌は私でさえ知っている。
   Wǒ zhīdao zhèi shǒu gē.

   ＊首：歌を数える量詞

Step up 総合練習1

① 発音を聞いて漢字とピンインで書きとりなさい。 🎧87

　1)

　2)

　3)

② 日本語に合うように語句を並べ替えなさい。

　1) あなたは少しの間ちゃんと休憩するべきだ。
　　〔 好好儿 / 应该 / 一会儿 / 你 / 休息 / 。〕
　　　hǎohāor　yīnggāi　yíhuìr　nǐ　xiūxi

　2) これらの辞典を持ちださないでください。
　　〔 你 / 词典 / 出去 / 这些 / 不要 / 把 / 带 / 。〕
　　　nǐ　cídiǎn　chūqu　zhèixiē　búyào　bǎ　dài

　3) もし来られるようでしたら，私に電話してください。
　　〔 给 / 如果 / 电话 / 就 / 能 / 我 / 你 / 打 / 来 / 。〕
　　　gěi　rúguǒ　diànhuà　jiù　néng　wǒ　nǐ　dǎ　lái

③ 日本語を中国語に訳し，漢字・ピンインで書きなさい。

　1) 出勤前には部屋を掃除する時間がありません。

　2) 彼のお姉さんは中華まんだって作れる，本当にすごいなあ。

　3) 寝る時には窓を閉めるべきです。

　4) 君は財布をどこに置いちゃったの？

ステップアップ2 >> 起こされちゃった──早朝の電話

🎧88

刘丽： 你 怎么 老 打 哈欠？ 看起来 很 困 的 样子。
　　　 Nǐ zěnme lǎo dǎ hāqian? Kànqǐlai hěn kùn de yàngzi.

亮平： 我 妈妈 打 电话 时 的 声音 特别 大， 我 被 她
　　　 Wǒ māma dǎ diànhuà shí de shēngyīn tèbié dà, wǒ bèi tā

　　　 吵醒 了。
　　　 chǎoxǐng le.

刘丽： 你 妈妈 一大早 就 和 谁 打 电话 呢？
　　　 Nǐ māma yídàzǎo jiù hé shéi dǎ diànhuà ne?

亮平： 我 妈妈 和 在 上海 住 的 姥姥 打 电话。
　　　 Wǒ māma hé zài Shànghǎi zhù de lǎolao dǎ diànhuà.

刘丽： 是 吗？ 你 也 会 说 上海话 吗？
　　　 Shì ma? Nǐ yě huì shuō Shànghǎihuà ma?

亮平： 我 听得懂 一些， 但是 不 太 会 说。
　　　 Wǒ tīngdedǒng yìxiē, dànshì bú tài huì shuō.

刘丽： 那 你 妹妹 也 不 会 说 吗？
　　　 Nà nǐ mèimei yě bú huì shuō ma?

亮平： 因为 她 很 爱 说话， 所以 上海话 说得 也 很 流利。
　　　 Yīnwèi tā hěn ài shuōhuà, suǒyǐ Shànghǎihuà shuōde yě hěn liúlì.

🎧89

【語句】

老 lǎo：ずっと，つねに　　打哈欠 dǎ hāqian：あくびする　　看起来 kànqǐlai：見たところ　　困 kùn：眠い　　样子 yàngzi：様子　　～时 shí：～の時　　声音 shēngyīn：声　　被 bèi：(誰に)～される　　吵醒 chǎoxǐng：騒いで起こす　　一大早 yídàzǎo：早朝　　听得懂 tīngdedǒng：聞いて理解できる　　因为 yīnwèi ～所以 suǒyǐ …：なぜなら～なので…　　爱 ài：～を好む

Step up ポイント2

1 抽象的な意味合いを持つ方向補語 —— 方向補語の派生用法 🎧90

〜起来

1) 具体的な方向を表す

站起来　　　　拿起来
zhànqǐlai　　　náqǐlai

2) 〔派生〕「〜し始める」

笑起来　　　下起雨来
xiàoqǐlai　　xiàqǐ yǔ lái

3) 〔派生〕「〜してみると…」

穿起来　很　舒服
chuānqǐlai　hěn　shūfu

4) 〔派生〕「まとまる，集まる」意味を表す

把　东西　包起来
bǎ　dōngxi　bāoqǐlai

その他の派生用法

〜上来　（口から出てくる）　　**〜下去**　（〜し続ける）　　**〜出来**　（結果などが出てくる）

背上来　　　　　　　活下去　　　　　　　想出（好　办法）来
bèishànglai　　　　huóxiàqu　　　　　xiǎngchū（hǎo　bànfǎ）lái

→トレーニング2 ⓐ

2「〜して…できる／できない」—— 可能補語(1)

動詞＋"得"＋結果補語／方向補語　　／　　動詞＋"不"＋結果補語／方向補語

看完　　　看得完　　／　　看不完　　　　回来　　　回得来　　／　　回不来
kànwán　　kàndewán　　　　kànbuwán　　　huílai　　huídelái　　　　huíbulái

洗干净　　洗得干净　／　洗不干净　　　　走进去　　走得进去　／　走不进去
xǐgānjìng　xǐdegānjìng　　xǐbugānjìng　　zǒujìnqu　zǒudejìnqu　　zǒubujìnqu

① 你　今天　看得完　这　本　书　吗？
　 Nǐ　jīntiān　kàndewán　zhèi　běn　shū　ma?

② 你　下午　回得来　回不来？
　 Nǐ　xiàwǔ　huídelái　huíbulái?

③ 书　太　多，放不进　箱子　里　去。
　 Shū　tài　duō，fàngbujìn　xiāngzi　li　qù.

④ 我　想不出　好　办法　来。
　 Wǒ　xiǎngbuchū　hǎo　bànfǎ　lái.

⑤ 请　慢　点儿　说，我　听不懂。
　 Qǐng　màn　diǎnr　shuō，wǒ　tīngbudǒng.

⑥ 声音　太　小，我　听不清楚。
　 Shēngyīn　tài　xiǎo，wǒ　tīngbuqīngchu.

→トレーニング2 ⓑ ⓒ

3「AはBに〜される」—— 受け身の言い方

A＋"被／叫／让"＋B＋動詞＋その結果を表す語や"了"など

① 我　的　手机　叫　他　弄坏　了。
　 Wǒ　de　shǒujī　jiào　tā　nònghuài　le.

② 我　的　本子　让　人　偷走　了。
　 Wǒ　de　běnzi　ràng　rén　tōuzǒu　le.

③ 他　又　被（老师）批评了　一　顿。
　 Tā　yòu　bèi（lǎoshī）pīpíngle　yí　dùn.

④ 这　次　小　王　被（大家）选为　代表　了。
　 Zhèi　cì　Xiǎo　Wáng　bèi（dàjiā）xuǎnwéi　dàibiǎo　le.

→トレーニング2 ⓓ

Step up トレーニング 2

a 次の文を発音し，方向補語の派生用法に注意しながら日本語に訳しましょう。

1) 他 突然 哭起来 了。
   Tā tūrán kūqǐlai le.

2) 又 下起 雪 来 了。
   Yòu xiàqǐ xuě lái le.

3) 看起来 很 好吃。
   Kànqǐlai hěn hǎochī.

4) 说起来 容易， 做起来 难。
   Shuōqǐlai róngyì, zuòqǐlai nán.

＊突然：突然　＊哭：泣く　＊容易：簡単である

b それぞれの語句を使って「〜できる／できない」と言いましょう。

1) 听懂　　2) 买到　　3) 进去　　4) 看清楚　　5) 听出来
   tīngdǒng　　mǎidào　　jìnqu　　kànqīngchu　　tīngchūlai

c それぞれの文を中国語で言いましょう。

1) 中国語の放送は，私はまだ聞いて理解できません。　　＊放送：广播 guǎngbō

2) ここでは北京の地図を入手できますか？　　＊地図：地图 dìtú

3) カギがなくなって，入っていくことができない。

4) 黒板の字が小さすぎてはっきり見えません。　　＊黒板（の上）：黑板上 hēibǎn shang

5) 私の声を聞き分けることができないの？

d 日本語に合うように語句を並べ替えましょう。

1) 私の荷物は盗まれてしまった。
   〔 偷走 ／ 行李 ／ 了 ／ 被 ／ 我的 ／ 。〕
     tōuzǒu　　xíngli　　le　　bèi　　wǒ de

2) プリンターは猫に壊された。
   〔 弄坏 ／ 猫 ／ 叫 ／ 了 ／ 打印机 ／ 。〕
     nònghuài　　māo　　jiào　　le　　dǎyìnjī

3) 万里の長城は1987年に世界文化遺産に選ばれた。
   〔 世界 文化 遗产 ／ 了 ／ 万里 长城 ／ 被 ／ 选为 ／ 一九八七 年 ／ 。〕
     shìjiè wénhuà yíchǎn　　le　　Wànlǐ Chángchéng　　bèi　　xuǎnwéi　　yī jiǔ bā qī nián

Step up 総合練習2

1 発音を聞いて漢字とピンインで書きとりなさい。 🎧91

1)

2)

3)

2 日本語に合うように，必要な語句を補って並べ替えなさい。

1) 宿題を出さなかったので，先生にひとしきり叱られた。
(交 / 因为 / 所以 / 作业 / 一 顿)
　jiāo　yīnwèi　suǒyǐ　zuòyè　yí　dùn

2) 朝っぱらから子供がうるさくて起こされた。
(就 / 孩子 / 一大早 / 吵醒)
　jiù　háizi　yídàzǎo　chǎoxǐng

3) 父が今回買った魚は大きすぎて冷蔵庫に入れられない。
(鱼 / 冰箱 里 / 这 次 / 的 / 太)
　yú　bīngxiāng li　zhèi cì　de　tài

3 日本語を中国語に訳し，漢字・ピンインで書きなさい。

1) 私の名前はまた書き間違えられた。

2) 黒板の字，あなたははっきり見えますか？

3) この靴下は履いてみると暖かい。

4) また雨が降ってきて，子供たちは教室に駆け込んでいった。

ステップアップ3 >> 出かけるんじゃなかったの？——母の自転車

🎧92

亮平：妈，你 怎么 又 不 敲 门 就 进来 了！
　　　Mā, nǐ zěnme yòu bù qiāo mén jiù jìnlai le!

妈妈：你 没 学习 啊，怎么 躺着 吃 东西 呢！
　　　Nǐ méi xuéxí a, zěnme tǎngzhe chī dōngxi ne!

亮平：我 今天 都 累 死了。你 不 是 说 要 出去 吗？
　　　Wǒ jīntiān dōu lèi sǐle. Nǐ bú shì shuō yào chūqu ma?

妈妈：自行车 不 见 了。门口 只 放着 香香 的 自行车。
　　　Zìxíngchē bú jiàn le. Ménkǒu zhǐ fàngzhe Xiāngxiang de zìxíngchē.

亮平：她 是 不 是 把 你 的 自行车 骑走 了？
　　　Tā shì bu shì bǎ nǐ de zìxíngchē qízǒu le?

妈妈：香香 怎么 没 骑 自己 的 呢？我 都 要 来不及 了。
　　　Xiāngxiang zěnme méi qí zìjǐ de ne? Wǒ dōu yào láibují le.

亮平：我 怎么 会 知道？对 了，她 在 饭桌 上 留了
　　　Wǒ zěnme huì zhīdao? Duì le, tā zài fànzhuō shang liúle

　　　一 张 纸条。
　　　yì zhāng zhǐtiáo.

妈妈：噢，我 去 看看。……原来 她 的 车胎 爆 了。
　　　O, wǒ qù kànkan. ……Yuánlái tā de chētāi bào le.

🎧93

【語 句】
妈 mā：母さん〔呼びかけ〕　　敲 qiāo：叩く　　～死了 sǐle：すごく～　　不是 bú shì ～吗 ma：～ではないのか？
不见了 bú jiàn le：なくなった，見当たらない　　只 zhǐ：ただ，だけ　　是不是 shì bu shì ～：～じゃない？　　来不
及 láibují：間に合わない　　怎么会 zěnme huì ～：どうして～があろうか？　　饭桌 fànzhuō：食卓　　留 liú：残す
纸条 zhǐtiáo：メモ　　噢 o：おお，ああ〔間投詞〕　　原来 yuánlái：実は，なんと　　车胎 chētāi：タイヤ　　爆
bào：破裂する

Step up ポイント3

1 「～して…できる／できない」── 可能補語(2) 🎧94

～得了 deliǎo ／不了 buliǎo （～しきれる：～の可能性がある：～できる／できない）

① 我 喝不了 这么 多。
　 Wǒ hēbuliǎo zhème duō.

② 装进 这个 袋子 里，丢不了。
　 Zhuāngjìn zhèige dàizi li, diūbuliǎo.

③ 今天 有 事儿，去不了。
　 Jīntiān yǒu shìr, qùbuliǎo.

④ 明天 这 时候 你 还 来得了 吗？
　 Míngtiān zhè shíhou nǐ hái láideliǎo ma?

～得起 deqǐ ／不起 buqǐ （金銭面などの都合で～できる／できない）

⑤ 价钱 太 贵，我 买不起。
　 Jiàqian tài guì, wǒ mǎibuqǐ.

⑥ 房租 这么 贵，你 租得起 吗？
　 Fángzū zhème guì, nǐ zūdeqǐ ma?

その他よく使う組み合わせの例

　来不及（間に合わない）　　舍不得（惜しい）　　谈得来（話が合う）
　láibují　　　　　　　　　shěbude　　　　　　tándelái
　　　　　　　　　　　　　　　　　　　　　　　　　　→トレーニング3 ⓐⓑ

2 存在や現象を述べる文 ── 存現文

場所／時間＋"有"＋モノ・人　「ドコ／イツには～がある／いる」

① 墙 上 有 一 张 地图。
　 Qiáng shang yǒu yì zhāng dìtú.

② 桌子 上 有 两 三 本 杂志。
　 Zhuōzi shang yǒu liǎng sān běn zázhì.

場所／時間＋動詞＋"着"＋モノ・人　「ドコ／イツには～が（…して）ある／いる」

③ 墙 上 挂着 一 张 地图。
　 Qiáng shang guàzhe yì zhāng dìtú.

④ 桌子 上 放着 两 三 本 杂志。
　 Zhuōzi shang fàngzhe liǎng sān běn zázhì.

場所／時間＋動詞＋"了"など＋モノ・人　「ドコ／イツ（から）～が現れた／消えた」

⑤ 前面 来了 一 辆 车。
　 Qiánmian láile yí liàng chē.

⑥ 前天 搬走了 两 个 同学。
　 Qiántiān bānzǒule liǎng ge tóngxué.
　　　　　　　　　　　　　　　　　　　　　　→トレーニング3 ⓒ

3 反語文

不是～吗？ 「～ではないのか？」

① 你 不 是 喜欢 红色 吗？
　 Nǐ bú shì xǐhuan hóngsè ma?

② 你 不 是 不 喜欢 吃 酸 的 吗？
　 Nǐ bú shì bù xǐhuan chī suān de ma?

怎么（会／能）～（呢）？ 「どうして～か？」

③ 他 怎么 会 不 知道？我 早就 告诉 他 了。
　 Tā zěnme huì bù zhīdào? Wǒ zǎojiù gàosu tā le.
　　　　　　　　　　　　　　　　　　　　　　→トレーニング3 ⓓ

Step up トレーニング3

a （　）に"不了"または"不起"を入れて日本語に訳しましょう。

1) 在 日本 吃 烤鸭 太 贵，我 吃（　　　）。
   Zài Rìběn chī kǎoyā tài guì, wǒ chī

2) 这么 多 菜 我 一 个 人 吃（　　　）。
   Zhème duō cài wǒ yí ge rén chī

b 下線部に注意して日本語に訳しましょう。

1) 我们 刚 认识，但是 很 <u>谈得来</u>。　　　＊刚：〜したばかりだ
   Wǒmen gāng rènshi, dànshì hěn tándelái.

2) 这个 蛋糕 真 可爱，我 <u>舍不得</u> 吃。
   Zhèige dàngāo zhēn kě'ài, wǒ shěbude chī.

3) 你 怎么 这么 晚 才 起床？我们 都 要 <u>来不及</u> 了。
   Nǐ zěnme zhème wǎn cái qǐchuáng? Wǒmen dōu yào láibují le.

c 欠けている1字を加え，日本語に合うように語句を並べ替えましょう。

1) 壁にポスターが3，4枚貼ってある。　　　＊贴：貼る　＊海报：ポスター

   〔 三四张 / 贴 / 海报 / 墙 上 / 。〕
   　　sān sì zhāng　tiē　hǎibào　qiáng shang

2) おとといに病院に新しい先生が1人来た。　　　＊医院：病院　＊新：新しい

   〔 医院 里 / 一 个 / 前天 / 新 医生 / 来 / 。〕
   　yīyuàn li　yí ge　qiántiān　xīn yīshēng　lái

3) 本棚から漫画が1冊なくなった。　　　＊书架：本棚　＊少：少ない，欠ける

   〔 漫画 / 书架 上 / 一 本 / 少 / 。〕
   　mànhuà　shūjià shang　yì běn　shǎo

d 日本語に合うように語句を並べ替えましょう。

1) こういうお菓子，大好きじゃなかった？　　　＊种：〜種の〔量詞〕

   〔 吃 / 很 爱 / 吗 / 你 / 这 种 点心 / 不 是 / ？〕
   　chī　hěn ài　ma　nǐ　zhèi zhǒng diǎnxin　bú shì

2) 小遣いがこんなに少なくってどうして買えるというのか？　　　＊零花钱：小遣い

   〔 买得起 / 我 / 这么 少 / 能 / 怎么 / 呢 / 零花钱 / ，/ ？〕
   　mǎideqǐ　wǒ　zhème shǎo　néng　zěnme　ne　línghuāqián

Step up 総合練習 3

1. 発音を聞いて漢字とピンインで書きとりなさい。　🎧95

   1)

   2)

   3)

2. 日本語に合うように，必要な語句を補って並べ替えなさい。

   1) 君とっくに彼に伝えてたんだ。
      （　了　／　早就　／　原来　）
      　　le　　　zǎojiù　　yuánlái

   2) 近頃すごく忙しくって，試合には参加できなくなった。
      （　比赛　／　忙 死了　／　～不了　／　了　）
      　　bǐsài　　máng sǐle　　　buliǎo　　　le

   3) あなたスキーできるって言ってたじゃない？
      （　是　／　滑雪　／　不　／　说　）
      　　shì　　huáxuě　　bù　　shuō

3. 日本語を中国語に訳し，漢字・ピンインで書きなさい。

   1) これらのお菓子あなた1人で食べきれる？

   2) 黒板に5，6個の字が書いてある。

   3) 本棚から雑誌がまた1冊なくなった。

   4) 家賃がこんなに高くては，私にどうして借りられようか？

ステップアップ 4 >> 全然知らなかった —— 意外な真実

亮平： 外面 又 下起 雨 来 了。我们 再 坐 一会儿 吧。
　　　Wàimian yòu xiàqǐ yǔ lái le. Wǒmen zài zuò yíhuìr ba.

刘丽： 好 的。那 我 再 点 一 个 甜品。
　　　Hǎo de. Nà wǒ zài diǎn yí ge tiánpǐn.

亮平： 你 喜欢 吃 哪个 就 点 哪个。今天 我 请客。
　　　Nǐ xǐhuan chī něige jiù diǎn něige. Jīntiān wǒ qǐngkè.

刘丽： 真的 吗？你 发财 啦？那 我 就 不 客气 了。
　　　Zhēnde ma? Nǐ fācái la? Nà wǒ jiù bú kèqi le.

亮平： 你 最近 有 什么 好 事儿 吗？老是 笑眯眯的。
　　　Nǐ zuìjìn yǒu shénme hǎo shìr ma? Lǎoshì xiàomīmīde.

刘丽： 男朋友 下周 来 日本，我们 打算 去 京都 玩儿。
　　　Nánpéngyou xiàzhōu lái Rìběn, wǒmen dǎsuàn qù Jīngdū wánr.

亮平： 欸？你 有 男朋友？我 怎么 不 知道？
　　　Ei? Nǐ yǒu nánpéngyou? Wǒ zěnme bù zhīdào?

刘丽： 你 不 知道 吗？我 以前 没 跟 你 说过 吗？
　　　Nǐ bù zhīdào ma? Wǒ yǐqián méi gēn nǐ shuōguo ma?

亮平： 一点儿 也 不 知道……。那 祝 你们 玩儿得 愉快！
　　　Yìdiǎnr yě bù zhīdào……. Nà zhù nǐmen wánrde yúkuài!

【語句】

点 diǎn：注文する　　甜品 tiánpǐn：デザート，甘いもの　　请客 qǐngkè：おごる　　发财 fācái：金持ちになる
就 jiù：(前節を受けて) ならば～　　不客气 bú kèqi：遠慮しない　　老是 lǎoshì：ずっと，いつも　　笑眯眯的 xiàomīmīde：にこにこして嬉しそうな様子　　下周 xiàzhōu：来週　　欸 ei：えっ〔間投詞〕　　以前 yǐqián：以前，前に　　一点儿也不 yìdiǎnr yě bù ～：全然～ない　　祝 zhù：～でありますように　　愉快 yúkuài：楽しい

Step up　ポイント4

1　「何か；どこか；どれか…」 —— 疑問詞の不定用法　🎧 98

　　有　事儿　吗？　　　　有　什么　事儿？　　　　有　什么　事儿　吗？
　　Yǒu　shìr　ma?　　　Yǒu　shénme　shìr?　　　Yǒu　shénme　shìr　ma?

　① 你　想　喝　点儿　什么　吗？
　　 Nǐ　xiǎng　hē　diǎnr　shénme　ma?

　② 我　想　去　哪儿　旅行。
　　 Wǒ　xiǎng　qù　nǎr　lǚxíng.

　③ 我　希望　哪　天　去　中国　爬　长城。
　　 Wǒ　xīwàng　něi　tiān　qù　Zhōngguó　pá　Chángchéng.

　④ 他　有　几　个　外国　朋友。
　　 Tā　yǒu　jǐ　ge　wàiguó　péngyou.

→トレーニング4 ⓐⓑ

2　疑問詞の呼応用法

　① 你　想　吃　什么，就　点　什么。　　② 你　想　去　哪儿，就　去　哪儿。
　　 Nǐ　xiǎng　chī　shénme, jiù　diǎn　shénme.　　Nǐ　xiǎng　qù　nǎr, jiù　qù　nǎr.

　③ 你　要　多少，就　拿　多少。　　　　④ 哪个　便宜，就　买　哪个。
　　 Nǐ　yào　duōshao, jiù　ná　duōshao.　　　Něige　piányi, jiù　mǎi　něige.

　⑤ 谁　想　说，谁　就　说。
　　 Shéi　xiǎng　shuō, shéi　jiù　shuō.

　⑥ 你　什么　时候　能　来，就　什么　时候　来。
　　 Nǐ　shénme　shíhou　néng　lái, jiù　shénme　shíhou　lái.

→トレーニング4 ⓒ

3　「〈少しも；ひとつも〉～ない」「〈何も；誰も〉～ない」 —— 強調構文(2)

　　"一～" + "也／都" + 否定

　① 一点儿　也　不　疼。　　　　　② 我　一点儿　都　不　高兴。
　　 Yìdiǎnr　yě　bù　téng.　　　　 Wǒ　yìdiǎnr　dōu　bù　gāoxìng.

　③ 一　个　人　也　不　认识。　　④ 一　本　都　没有。
　　 Yí　ge　rén　yě　bú　rènshi.　　Yì　běn　dōu　méiyǒu.

　⑤ 一　个　人　也　没　来。　　　⑥ 一　次　都　没　见过　他。
　　 Yí　ge　rén　yě　méi　lái.　　 Yí　cì　dōu　méi　jiànguo　tā.

　　疑問詞 + "也／都" + 否定

　⑦ 什么　也　不　想　吃。　　　　⑧ 谁　都　不　愿意　去。
　　 Shénme　yě　bù　xiǎng　chī.　　Shéi　dōu　bú　yuànyì　qù.

→トレーニング4 ⓓ

Step up トレーニング4

a 3つの違いに注意して，中国語で言ってみましょう。

1) 飲みますか？　　　2) 何を飲みますか？　　　3) 何か飲みますか？

b 疑問詞に注意して日本語に訳しましょう。

1) 我　好像　在　哪里　见过　他。
　　Wǒ　hǎoxiàng　zài　nǎli　jiànguo　tā.
　　　　　　　　　　　　　　　　　＊好像：(どうも)～のようだ

2) 你　有　没有　什么　好　办法？
　　Nǐ　yǒu　méiyǒu　shénme　hǎo　bànfǎ?

3) 我　吃过　几　次　小　刘　包　的　饺子。
　　Wǒ　chīguo　jǐ　cì　Xiǎo　Liú　bāo　de　jiǎozi.
　　　　　　　　　　　　　　　　　＊包饺子：ギョーザを作る

c 日本語に合うように語句を並べ替えましょう。

1) どれでも好きなものを食べなさい。

〔 喜欢 / 吃 / 吃 / 你 / 哪个 / 哪个 / 就 / , / 。〕
　xǐhuan　chī　chī　nǐ　něige　něige　jiù

2) 何でも欲しいものを買ってあげるよ。

〔 就 / 你 / 你 / 我 / 给 / 买 / 要 / 什么 / 什么 / , / 。〕
　jiù　nǐ　nǐ　wǒ　gěi　mǎi　yào　shénme　shénme

3) いくらでも飲めるだけ飲みなさい。

〔 你 / 多少 / 多少 / 就 / 喝 / 喝 / 能 / , / 。〕
　nǐ　duōshao　duōshao　jiù　hē　hē　néng

d 次の日本語にあたる中国語を言ってみましょう。

1) 全然難しくない。　　　2) 何も要らない。

3) 1足も持っていない。　　　4) どこにも行かなかった。

5) この薬は少しも苦くない。　　　＊この薬：这种药 zhèi zhǒng yào　＊苦い：苦 kǔ

6) 誰もよい方法を思いつくことができない。　　　＊思いつく：想出来 xiǎngchūlai

Step up　総合練習 4

1　発音を聞いて漢字とピンインで書きとりなさい。　🎧99

1)

2)

3)

2　日本語に合うように語句を並べ替えなさい。

1) よいお年を。
   〔 愉快　/　你　/　过年　/　祝　/　！ 〕
   　　yúkuài　　　nǐ　　　guònián　　zhù

2) 見たところ彼はどうも機嫌が悪いようだ。
   〔 高兴　/　他　/　好像　/　不　/　看起来　/　有点儿　/　。 〕
   　gāoxìng　　　tā　　hǎoxiàng　　bù　　　kànqǐlai　　yǒudiǎnr

3) どこか具合が悪いのですか？
   〔 舒服　/　你　/　吗　/　哪儿　/　不　/　？ 〕
   　shūfu　　　nǐ　　　ma　　　nǎr　　　bù

3　日本語を中国語に訳し，漢字・ピンインで書きなさい。

1) いくらでも食べたいだけ食べなさい。

2) 私は一度もギョーザを作ったことがない。

3) 私は万里の長城に何度か登ったことがある。

4) 私は厚着しているので少しも寒くない。

語句リスト

|名| 名詞　|方| 方位詞　|数| 数詞　|量| 量詞　|代| 代詞　|動| 動詞　|助動| 助動詞　|形| 形容詞
|副| 副詞　|介| 介詞　|接| 接続詞　|助| 助詞　|間| 間投詞　|接頭| 接頭辞　|接尾| 接尾辞

* |動+| は動詞にほかの要素が加えられていることを表す。
* |数量| は数詞と量詞からなる語句を表す。
* 1～12は初出の課を示す。0は発音，S1～S4はステップアップ1～4，付はp.61～63に登場したことを表す。

―― A ――

啊	a	助	～なの〔明るい語気を表す〕	3
		間	あっ	10
爱	ài	動	～を好む，よく～する	S2
爱好	àihào	名	趣味	3

―― B ――

八	bā	数	八	0
把	bǎ	量	〔握る部分があるものを数える〕	7
		介	～を	S1
爸爸	bàba	名	父さん	2
吧	ba	助	①～してください	1
			②～しよう	1
			③～だろう	9
白色	báisè	名	白	9
百	bǎi	数	百	8
百货商店	bǎihuò shāngdiàn	名	デパート	12
搬	bān	動	①運ぶ	S1
			②引っ越す	S3
搬家	bān//jiā	動+	引越しする	10
办	bàn	動	する，やる	S1
办法	bànfǎ	名	方法	S1
办公室	bàngōngshì	名	事務室，オフィス	12
半	bàn	数	半〔時刻〕	7
帮	bāng	動	手伝う	8
帮忙	bāng//máng	動+	手伝う	8
帮助	bāngzhù	動	手助けする	S1
包	bāo	動	包む	S2
包子	bāozi	名	中華まん	8
报	bào	名	新聞	2
抱歉	bàoqiàn	動	すまなく思う	S1
爆	bào	動	破裂する	S3
杯	bēi	量	～杯〔コップ・グラスに入ったものを数える〕	4
北边(儿)	běibian(r)	方	北，北側	5
北京	Běijīng	名	北京	1
背	bèi	動	暗唱する	S2
被	bèi	介	(誰々に)～される	S2
本	běn	量	～冊	4
本来	běnlái	副	元々は，本当は	12
本子	běnzi	名	ノート	S2
比	bǐ	動	比べる	11
		介	～よりも	11
比较	bǐjiào	副	比較的，わりと	5
比赛	bǐsài	名	試合	6
笔	bǐ	名	ペン，筆記用具	8
毕业	bì//yè	動+	卒業する	10
便利店	biànlìdiàn	名	コンビニ	5
遍	biàn	量	〔初めから終わりまで一通りの動作を数える〕	11
别	bié	副	～しないで	11
冰淇淋	bīngqílín	名	アイスクリーム	6
冰箱	bīngxiāng	名	冷蔵庫	4
补习班	bǔxíbān	名	塾	11
不	bù	副	～(し)ない，～でない	1
不过	búguò	接	でも，だが	9
不见了	bú jiàn le		なくなった，見当たらない	S3
不客气	bú kèqi		遠慮しない；どういたしまして	S4
不是～吗	bú shì~ma		～ではないのか？	S3
不太	bú tài		あまり～ない	3
不要	búyào	副	～するな	11
不用	búyòng	副	～する必要がない	6
部	bù	量	〔映画などを数える〕	7
～不…	bu	助	～して…できない〔可能補語を構成する〕	S2
～不了	buliǎo		～しきれない	S3
～不起	buqǐ		(金銭面などの都合で)～できない	S3

―― C ――

擦	cā	動	拭く，こする	S1
才	cái	副	①たった，わずかに	8
			②やっと，ようやく	S3
菜	cài	名	料理	3

81

参观	cānguān	動 見学する	8
参加	cānjiā	動 参加する	6
餐厅	cāntīng	名 レストラン	4
草莓	cǎoméi	名 イチゴ	0
曾经	céngjīng	副 かつて	9
茶	chá	名 茶	1
查	chá	動 調べる，(辞書を)引く	8
差不多	chàbuduō	副 だいたい，ほとんど	5
长城	Chángchéng	名 万里の長城	S4
尝	cháng	動 味わう，味をみる	8
唱	chàng	動 歌う	8
超市	chāoshì	名 スーパーマーケット	5
吵醒	chǎo//xǐng	動+ 騒いで起こす	S2
炒饭	chǎofàn	名 チャーハン	0
车	chē	名 車	S3
车胎	chētāi	名 タイヤ	S3
车站	chēzhàn	名 駅，停留所	5
衬衫	chènshān	名 シャツ，ブラウス	11
称呼	chēnghu	動 呼ぶ	0
成绩	chéngjì	名 成績	11
吃	chī	動 食べる	1
迟到	chídào	動 遅刻する	11
抽屉	chōuti	名 ひきだし	12
抽烟	chōu//yān	動+ タバコを吸う	8
出	chū	動 出る	12
～出来	chūlai	(結果などが)出てくる	S2
穿	chuān	動 着る，はく	9
窗户	chuānghu	名 窓	S1
床	chuáng	名 ベッド	付
春节	Chūnjié	名 春節，旧正月	12
词	cí	名 ことば	S1
词典	cídiǎn	名 辞書	2
次	cì	量 ～回	11
从	cóng	介 ～から	7
～错	cuò	(補語として)～し間違える	11

—— D ——

打	dǎ	動 ①(球技やゲームなどを)する	3
		②(電話を)かける	8
打工	dǎ//gōng	動+ アルバイトをする	5
打哈欠	dǎ hāqian	あくびをする	S2
打开	dǎ//kāi	動 開ける	S1
打牌	dǎ//pái	動+ トランプやマージャンなどをする	8
打扰	dǎrǎo	動 邪魔をする	10
打扫	dǎsǎo	動 掃除する	10
打算	dǎsuàn	動 ～するつもりだ	12
打印机	dǎyìnjī	名 プリンター	S1
大	dà	形 大きい	3
大阪	Dàbǎn	名 大阪	7
大家	dàjiā	代 皆，皆さん	S2
大学	dàxué	名 大学	1
大学生	dàxuéshēng	名 大学生	2
大衣	dàyī	名 コート	9
代表	dàibiǎo	名 代表	S2
带	dài	動 ①連れる	6
		②携帯する	9
袋子	dàizi	名 袋	S3
戴	dài	動 (メガネや帽子などを)身につける	9
担心	dān//xīn	動+ 心配する	11
但是	dànshì	接 しかし	12
蛋糕	dàngāo	名 ケーキ	1
当然	dāngrán	副 もちろん	8
到	dào	動 ～に到る，到着する	10
～到	dào	(補語として)～に到る，目的に達する	11
道	dào	量〔問題などを数える〕	S1
的	de	助 ①～の…	2
		②〔断定の語気を表す〕	9
～的时候	de shíhou	～の時	10
得	de	助 ～するのが…だ〔様態補語を構成する〕	10
～得…	de	助 ～して…できる〔可能補語を構成する〕	S2
～得了	deliǎo	～しきれる	S3
～得起	deqǐ	(金銭面などの都合で)～できる	S3
等	děng	動 待つ	8
地方	dìfang	名 場所，ところ	S1
地铁	dìtiě	名 地下鉄	6
地图	dìtú	名 地図	S2
弟弟	dìdi	名 弟	3
第	dì	接頭 第～	0
第～课	dì~kè	第～課	1
点	diǎn	量 ～時〔時刻〕	7
		動 注文する	S4
点名	diǎn//míng	動+ 出席をとる	0
点心	diǎnxin	名 菓子	8
电车	diànchē	名 電車，トロリーバス	12
电话	diànhuà	名 電話	7
电脑	diànnǎo	名 パソコン	4
电视	diànshì	名 テレビ	1
电影	diànyǐng	名 映画	3
电影院	diànyǐngyuàn	名 映画館	7

顶	dǐng	量 〔帽子などを数える〕	8
订做	dìngzuò	動 オーダーして作る	9
丢	diū	動 なくす	S1
东边(儿)	dōngbian(r)	方 東，東側	5
东京	Dōngjīng	名 東京	1
东西	dōngxi	名 物，品物	6
冬天	dōngtiān	名 冬	11
懂	dǒng	動 わかる	S1
~懂	dǒng	（補語として）～して理解する	11
都	dōu	副 ①みな，いずれも	2
		②もう，すでに	6
肚子	dùzi	名 おなか	12
对不起	duìbuqǐ	ごめんなさい，すみません	0
对了	duì le	そうそう	7
对面	duìmiàn	方 向かい	5
顿	dùn	量 〔食事や叱責・殴打を数える〕	11
多	duō	形 多い	S3
		数 〔概数を表す〕	10
多长时间	duō cháng shíjiān	どのくらいの時間	10
多大	duō dà	いくつ〔年齢〕，（大きさが）どのくらい	4
~多了	duō le	ずっと～	11
多少	duōshao	代 （量が）どのくらい	4
多少钱	duōshao qián	いくら〔値段を尋ねる〕	8
多远	duō yuǎn	（距離が）どのくらい	5

── E ──

欸	ei	嘆 えっ	S4
二	èr	数 二	0

── F ──

发	fā	動 送信する	8
发财	fā//cái	動+ 金持ちになる	S4
发音	fāyīn	名 発音	S1
法律	fǎlǜ	名 法律	2
法语	Fǎyǔ	名 フランス語	10
饭	fàn	名 ごはん，食事	4
饭店	fàndiàn	名 ホテル	5
饭桌	fànzhuō	名 食卓	S3
房间	fángjiān	名 部屋	10
房租	fángzū	名 家賃	S3
放	fàng	動 置く，入れる	12
飞机	fēijī	名 飛行機	6
非常	fēicháng	副 非常に	10
分	fēn	量 ～分〔時刻〕	7

~分钟	fēnzhōng	～分間	10
封	fēng	量 ～通〔手紙など〕	7
服务员	fúwùyuán	名 （接客担当の）店員・従業員	9
父母	fùmǔ	名 両親	12
父亲	fùqin	名 父	付
付	fù	動 支払う	8
附近	fùjìn	名 近く，付近	4
复习	fùxí	動 復習する	8
复印	fùyìn	動 コピーする	6

── G ──

该	gāi	助動 ～すべきだ	S1
~干净	gānjìng	（補語として）きれいにする，きれいになる	S2
感冒	gǎnmào	動 風邪をひく	9
干	gàn	動 やる，する	10
刚	gāng	副 ～したばかり	S3
钢琴	gāngqín	名 ピアノ	10
高	gāo	形 高い	11
高兴	gāoxìng	形 嬉しい	S4
高中	gāozhōng	名 高校	4
告诉	gàosu	動 告げる，知らせる	7
哥	gē	名 お兄ちゃん〔呼びかけ〕	S1
哥哥	gēge	名 兄，兄さん	2
歌	gē	名 歌	8
个	ge	量 ～人，～個	4
~个小时	ge xiǎoshí	～時間	10
~个星期	ge xīngqī	～週間	10
~个月	ge yuè	～か月	10
给	gěi	動 与える，あげる，くれる	7
		介 ～(のため)に，～宛に	8
跟	gēn	介 ～と，～に	6
工学	gōngxué	名 工学	2
工作	gōngzuò	名 仕事	3
		動 働く	5
公司	gōngsī	名 会社	2
公园	gōngyuán	名 公園	5
狗	gǒu	名 犬	3
故事	gùshi	名 物語	8
挂	guà	動 掛ける	S3
关上	guān//shang	動+ ぴったり閉じる，閉める	S1
广播	guǎngbō	名 放送	S2
逛	guàng	動 ぶらつく	8
贵	guì	形 （値段が）高い	3
贵姓	guìxìng	お名前〔姓を尋ねる時に用いる〕	0

83

国	guó	名 国	12
国际	guójì	名 国際	2
过	guò	動 過ぎる，越える	10
过年	guò//nián	動＋ 年越しをする，新年を祝う	12
过去	guò//qu	動＋ 過ぎ去る	11
过	guo	助 ①〜したことがある	9
		②〜を済ませる，〜した	9

―― H ――

还	hái	副 ①あと，ほかに	4
		②まだ	6
还没〜(呢)	hái méi〜(ne)	まだ〜していない	6
还是	háishi	接 それとも	3
孩子	háizi	名 子ども	8
海报	hǎibào	名 ポスター	S3
韩国	Hánguó	名 韓国	2
寒假	hánjià	名 冬休み	7
汉语	Hànyǔ	名 中国語	7
好	hǎo	形 よい	3
		副 すごく〜	9
〜好	hǎo	(補語として)ちゃんと〜し終わる	11
好吃	hǎochī	形 おいしい	3
好的	hǎo de	はい，わかった〔承諾の回答に用いる〕	7
好好儿	hǎohāor	ちゃんと，しっかりと	12
好几	hǎojǐ	いくつもの	9
好看	hǎokàn	形 きれいだ，かっこいい，おもしろい	3
好了	hǎo le	はい，わかった	11
好听	hǎotīng	形 (音が)きれいだ	8
好像	hǎoxiàng	副 (どうも)〜のようだ	S4
号	hào	量 〜日〔日付〕	4
号码	hàomǎ	名 番号	7
喝	hē	動 飲む	1
和	hé	接 〜と…	4
		介 〜と	9
盒	hé	量 〔容器に入ったものを数える〕	10
黑板	hēibǎn	名 黒板	S2
黑色	hēisè	名 黒	9
很	hěn	副 (とても)	3
很多	hěn duō	たくさん(の)	11
红茶	hóngchá	名 紅茶	1
红色	hóngsè	名 赤	S3
后边(儿)	hòubian(r)	方 後，後ろ側	5
后年	hòunián	名 再来年	付
后天	hòutiān	名 あさって	7
护照	hùzhào	名 パスポート	4
花儿	huār	名 花	0
滑雪	huá//xuě	動＋ スキーをする	9
化妆品	huàzhuāngpǐn	名 化粧品	12
画	huà	動 描く	10
画儿	huàr	名 絵	10
〜坏	huài	(補語として)〜して壊す，〜してダメにする	S2
还	huán	動 返す	S1
换成〜	huànchéng	動＋ 〜に換える	S1
回	huí	動 帰る	1
		量 〜回	0
回答	huídá	動 答える	S1
回来	huí//lai	動＋ 帰ってくる	6
回去	huí//qu	動＋ 帰っていく	6
回头见	huítóu jiàn	またあとで	6
会	huì	助動 ①(習得して)〜できる	9
		②〜の可能性がある	9
		動 わかる，できる	S1
活	huó	動 生きる	S2

―― J ――

机会	jīhuì	名 機会，チャンス	S1
几	jǐ	代 いくつ	4
家	jiā	名 家	1
		量 〜軒	4
价钱	jiàqian	名 値段	S3
简单	jiǎndān	形 簡単だ	S1
见	jiàn	動 会う	7
见面	jiàn//miàn	動＋ 会う	6
件	jiàn	量 〜着〔衣服〕，〜件〔事柄など〕	4
讲	jiǎng	動 話す，語る	8
交	jiāo	動 ①つきあう	6
		②提出する	6
教	jiāo	動 教える	7
饺子	jiǎozi	名 ギョーザ	S4
叫	jiào	動 (名を)〜という，呼ぶ	2
		介 (誰々に)〜される	S2
教室	jiàoshì	名 教室	5
教授	jiàoshòu	名 教授	12
节	jié	量 〜時限，〜コマ	10
姐姐	jiějie	名 姉，姉さん	3
姐妹	jiěmèi	名 姉妹	4
解答	jiědá	動 解答する	S1
介绍	jièshào	動 紹介する	8
借	jiè	動 借りる	6

斤	jīn	量 重さの単位 （1斤＝500グラム）		8
今年	jīnnián	名 今年		4
今天	jīntiān	名 今日		3
近	jìn	形 近い		5
进	jìn	動 入る		12
禁止	jìnzhǐ	動 禁止する		11
京都	Jīngdū	名 京都		10
京剧	Jīngjù	名 京劇		9
经常	jīngcháng	副 よく，しょっちゅう		8
经济	jīngjì	名 経済		2
九	jiǔ	数 九		0
就	jiù	副 ①ちょうど，すぐ，もう		5
		②（前節を受け）ならば～		S4
就要～了	jiùyào~le	もうすぐ～（になる，する）		10
橘子	júzi	名 ミカン		12

――K――

咖啡	kāfēi	名 コーヒー		1
咖啡馆	kāfēiguǎn	名 カフェ，喫茶店		4
开	kāi	動 沸く，沸かす		10
开车	kāi//chē	動＋ 車を運転する		9
开会	kāi//huì	動＋ 会議をする		10
开始	kāishǐ	動 始まる		7
开玩笑	kāi wánxiào	冗談を言う		11
开心	kāixīn	形 楽しい		10
开演	kāiyǎn	動 開演する		7
看	kàn	動 ①見る，（声に出さずに）読む		1
		②会う		S4
看样子	kàn yàngzi	見たところ		10
考	kǎo	動 試験を受ける		11
考试	kǎoshì	名 試験		6
	kǎo//shì	動＋ 試験をする		6
烤鸭	kǎoyā	名 北京ダック		9
可爱	kě'ài	形 かわいい		3
可乐	kělè	名 コーラ		付
可能	kěnéng	副 たぶん～かもしれない		9
可以	kěyǐ	助動 （～して）よろしい，～してみるとよい		8
课	kè	名 授業		4
课本	kèběn	名 教科書		2
课文	kèwén	名 教科書の本文		11
空	kòng	名 ひま		7
口	kǒu	量 ～人〔家族の人数を数える〕		4
哭	kū	動 泣く		S2
苦	kǔ	形 苦い		S4
裤子	kùzi	名 ズボン		4
块	kuài	量 ①〔かたまり状のものを数える〕		7
		②通貨の単位「～元」「～円」		8
快	kuài	形 速い		11
快～了	kuài~le	もうすぐ～（になる，する）		10
快餐店	kuàicāndiàn	名 ファストフード店		5
筷子	kuàizi	名 箸		4
困	kùn	形 眠い		S2

――L――

垃圾	lājī	名 ゴミ		11
辣	là	形 からい		3
啦	la	助 ～した〔感嘆の語気を含む〕		6
来	lái	動 来る		1
来不及	láibují	間に合わない		S3
老	lǎo	副 ずっと，つねに		S2
老家	lǎojiā	名 実家		11
老师	lǎoshī	名 先生		2
老是	lǎoshì	副 ずっと，いつも		S4
姥姥	lǎolao	名 （母方の）祖母		3
姥爷	lǎoye	名 （母方の）祖父		5
了	le	助 ①～した，（もう）～している		6
		②～した〔動作の完了を表す〕		7
累	lèi	形 疲れている		4
～累	lèi	（補語として）～して疲れる		11
冷	lěng	形 寒い		3
离	lí	介 ～から，～まで		5
李	Lǐ	李〔姓〕		8
礼物	lǐwù	名 プレゼント		7
里边(儿)	lǐbian(r)	方 中，内側		5
理想	lǐxiǎng	形 理想的だ，満足である		11
丽	Lì	麗〔人名〕		2
～里	li	方 ～の中		5
连～也／都…	lián~yě/dōu…	～さえ…		S1
联系	liánxì	動 連絡する		12
练习	liànxí	動 練習する		S1
凉快	liángkuai	形 涼しい		11
两	liǎng	数 ふたつ		4
亮平	Liàngpíng	亮平〔人名〕		1
辆	liàng	量 〔車を数える〕		S3
聊天儿	liáo//tiānr	動＋ おしゃべりする		9
了不起	liǎobuqǐ	たいしたものだ		S1

了解	liǎojiě	動 理解する	S1
零	líng	数〔空位を表す〕	7
零／〇	líng	数 0(ゼロ)	0
零花钱	línghuāqián	名 小遣い	S3
领带	lǐngdài	名 ネクタイ	12
刘	Liú	劉〔姓〕	2
留	liú	動 残す，留める	S3
留学生	liúxuéshēng	名 留学生	2
流利	liúlì	形 流暢である	10
六	liù	数 六	0
路	lù	名 道	4
旅行	lǚxíng	動 旅行する	S4
旅游	lǚyóu	動 旅行する	9

—— M ——

妈	mā	名 母さん〔呼びかけ〕	S3
妈妈	māma	名 母さん	1
麻	má	名 麻(あさ)	0
马	mǎ	名 馬	0
骂	mà	動 ののしる	0
吗	ma	助 ～か？	2
买	mǎi	動 買う	2
漫画	mànhuà	名 漫画	1
慢点儿	màn diǎnr	(ちょっと)ゆっくり	S2
忙	máng	形 忙しい	3
猫	māo	名 猫	3
毛衣	máoyī	名 セーター	4
帽子	màozi	名 帽子	8
没电	méi diàn	電池が切れる	10
没关系	méi guānxi	かまいません	0
没有	méiyǒu	①いない，ない	4
		②(～ほど)…ない	11
没(有)	méi(you)	副 ～しなかった，～していない	6
每周	měizhōu	名 毎週	11
每天	měitiān	名 毎日	5
美国	Měiguó	名 アメリカ	7
妹妹	mèimei	名 妹	2
门	mén	名 ドア，門	S1
门口	ménkǒu	名 入口	7
们	men	接尾 ～たち	8
米	mǐ	量 メートル	9
米饭	mǐfàn	名 ご飯，ライス	1
米老鼠	Mǐlǎoshǔ	名 ミッキーマウス	0
面包	miànbāo	名 パン	1
面条	miàntiáo	名 麺	7
名字	míngzi	名 名前	2
明白	míngbai	形 わかる	S1
明年	míngnián	名 来年	9
明天	míngtiān	名 明日	3
母亲	mǔqin	名 母	付

—— N ——

拿	ná	動 (手に)持つ，取る	9
哪	nǎ	代 どれ	2
哪里	nǎli	代 どこ	2
哪儿	nǎr	代 どこ	1
那	nà	代 あれ，それ	2
		接 では	5
那里	nàli	代 あそこ，そこ	2
那么	nàme	代 あのように，あんなに	11
那儿	nàr	代 あそこ，そこ	2
奶茶	nǎichá	名 ミルクティー	0
奶奶	nǎinai	名 (父方の)祖母	3
男朋友	nánpéngyou	名 ボーイフレンド	8
南边(儿)	nánbian(r)	方 南，南側	5
难	nán	形 難しい	S1
呢	ne	助 ①～は？	1
		②〔今の状況を表す〕	9
哪个	něige/nǎge	代 どれ，どの	2
哪天	něi tiān	いつの日か	S4
哪些	něixiē/nǎxiē	代 どの〔複数〕	2
那边	nèibiān	代 あちら，そちら	S1
那个	nèige/nàge	代 あれ，あの，それ，その	2
那些	nèixiē/nàxiē	代 あれら，それら	2
能	néng	助動 ～できる	9
嗯	ng	うん〔あいづち〕	10
你	nǐ	代 あなた	1
你好	nǐ hǎo	こんにちは	2
你们	nǐmen	代 あなたたち	1
～年	nián	～年	10
年级	niánjí	名 学年	2
年纪	niánjì	名 年齢	4
念	niàn	動 (声に出して)読む	7
您	nín	代 あなた〔敬語〕	1
牛奶	niúnǎi	名 牛乳	10
弄	nòng	動 いじる	S2
暖和	nuǎnhuo	形 暖かい	11
女朋友	nǚpéngyou	名 ガールフレンド	6

—— O ——

噢	o	間 おお，ああ	S3
欧洲	Ōuzhōu	名 ヨーロッパ	9

—— P ——

| 爬 | pá | 動 登る | S4 |

拍照	pāi//zhào	動+ 写真を撮る		11
旁边(儿)	pángbiān(r)	方 そば，となり		5
跑	pǎo	動 走る		11
跑步	pǎo//bù	動+ ジョギングをする		10
朋友	péngyou	名 友達		4
批评	pīpíng	動 叱る		S2
啤酒	píjiǔ	名 ビール		12
便宜	piányi	形 安い		3
票	piào	名 チケット		4
漂亮	piàoliang	形 きれいだ，美しい		9
乒乓球	pīngpāngqiú	名 卓球		10
平时	píngshí	名 普段		9
苹果	píngguǒ	名 リンゴ		12
瓶	píng	量 ～本〔瓶に入ったものを数える〕		7

―― Q ――

七	qī	数 七		0
期末	qīmò	名 期末		11
骑	qí	動 (自転車やオートバイに)乗る		6
旗袍	qípáo	名 チャイナドレス		9
起	qǐ	動 起きる，起きあがる		12
起床	qǐ//chuáng	動+ 起きる，床を出る		6
～起来	qǐlai	～してみると		S2
千	qiān	数 千		8
～前	qián	方 ～する前		S1
前边(儿)	qiánbian(r)	方 前，前方		5
前面	qiánmian	方 前，前方		S3
前年	qiánnián	名 一昨年		付
前天	qiántiān	名 一昨日		10
钱	qián	名 お金		11
钱包	qiánbāo	名 財布		2
墙	qiáng	名 壁		S3
敲	qiāo	動 叩く		S3
～清楚	qīngchu	(補語として)はっきりと～する		S2
情况	qíngkuàng	名 状況		S1
请	qǐng	動 どうぞ～		7
请客	qǐng//kè	動+ おごる		S4
请勿	qǐng wù	～しないでください		11
去	qù	動 行く		1
去年	qùnián	名 去年		12
裙子	qúnzi	名 スカート		9

―― R ――

让	ràng	動 (誰々に)～させる，～するように言う		12
		介 (誰々に)～される		S2
热	rè	形 暑い，熱い		3
人	rén	名 人		4
人民币	rénmínbì	名 人民元		S1
认识	rènshi	動 知っている，知り合う		12
扔	rēng	動 捨てる		11
日本	Rìběn	名 日本		1
日本人	Rìběnrén	名 日本人		2
日语	Rìyǔ	名 日本語		9
日元	Rìyuán	名 日本円		S1
容易	róngyì	形 簡単である，容易である		S2
肉	ròu	名 肉		3
如果～就…	rúguǒ~jiù…	もし～なら…		S1

―― S ――

三	sān	数 三		0
三刻	sān kè	45分		7
散步	sàn//bù	動+ 散歩する		3
商店	shāngdiàn	名 店		5
商量	shāngliang	動 相談する		6
上	shàng	動 ①学校に入る，通う ②上がる		6 / 12
		方 前の		11
上班	shàng//bān	動+ 出勤する		6
上边(儿)	shàngbian(r)	方 上，上側		5
上(个)星期	shàng (ge) xīngqī	先週		12
上(个)月	shàng (ge) yuè	先月		付
上海	Shànghǎi	名 上海		6
上海话	Shànghǎihuà	名 上海語		S1
上课	shàng//kè	動+ 授業に出る；授業をする		10
～上来	shànglai	〔口から出てくる〕		S2
上网	shàng//wǎng	動+ インターネットに接続する，インターネットを利用する		10
上午	shàngwǔ	名 午前		3
上学	shàng//xué	動+ 通学する		6
～上	shang	方 ～の上		5
少	shǎo	形 少ない		S3
		動 欠ける		S3
舍不得	shěbude	惜しい		S3
谁	shéi	代 誰		1
身体	shēntǐ	名 体		3
什么	shénme	代 何		1
什么时候	shénme shíhou	いつ		7
生气	shēng//qì	動+ 怒る，腹を立てる		11
生日	shēngrì	名 誕生日		8

声音	shēngyīn	名 声，音	S2
十	shí	数 十	0
～时	shí	～の時	S2
时间	shíjiān	名 時間	4
食堂	shítáng	名（施設内の）食堂	7
世界	shìjiè	名 世界	S2
事儿	shìr	名 事，用事	4
是	shì	動 ～である	2
是啊	shì a	そう	2
是不是～	shì bu shì	～じゃない？	S3
是～的	shì~de	（どのように）～したのだ	12
是吗	shì ma	そうなんだ，そうなの？	9
手表	shǒubiǎo	名 腕時計	7
手机	shǒujī	名 携帯電話	2
手套儿	shǒutàor	名 手袋	11
首	shǒu	量〔歌を数える〕	S1
书	shū	名 本	2
书包	shūbāo	名 カバン	4
书店	shūdiàn	名 書店	5
书架	shūjià	名 本棚	S3
舒服	shūfu	形 気持ちがよい	12
暑假	shǔjià	名 夏休み	5
数学	shùxué	名 数学	11
双	shuāng	量〔ペアになっているものを数える〕	4
水	shuǐ	名 水，湯	10
水果	shuǐguǒ	名 果物	0
睡	shuì	動 眠る	10
睡觉	shuì//jiào	動+ 眠る	6
顺便	shùnbiàn	副 ついでに	10
说	shuō	動 話す，言う	9
说话	shuō//huà	動+ 話をする	9
～死了	sǐle	すごく～	S3
四	sì	数 四	0
送	sòng	動 贈る	7
宿舍	sùshè	名 宿舎，寮	12
酸	suān	形 酸っぱい	S3
虽说～但…	suīshuō~dàn...	～とは言うものの…	11
随便	suíbiàn	副 勝手に，自由に	11
岁	suì	名 ～歳	4

── T ──

他	tā	代 彼	1
他们	tāmen	代 彼ら	1
它	tā	代 それ	S1
她	tā	代 彼女	1
她们	tāmen	代 彼女たち	1
台	tái	量 ～台〔機械を数える〕	4
台湾	Táiwān	名 台湾	5
太(～了)	tài(~le)	とても～，～すぎる	12
谈得来	tándelái	話が合う	S3
弹	tán	動（ピアノやギターなどを）弾く	10
躺	tǎng	動 寝転がる	9
趟	tàng	量〔往復の動作を数える〕	11
特别	tèbié	副 特に，とりわけ	9
疼	téng	形 痛い	S4
踢	tī	動 蹴る，（サッカーを）する	3
题	tí	名 問題	S1
～天	tiān	～日間	10
天津	Tiānjīn	名 天津	7
天气	tiānqì	名 天気，気候	3
甜	tián	形 甘い	12
甜品	tiánpǐn	名 デザート，甘いもの	S4
条	tiáo	量〔細長いものを数える〕	4
跳舞	tiào//wǔ	動+ ダンスをする	8
贴	tiē	動 貼る	S3
听	tīng	動 聞く	3
挺～的	tǐng~de	なかなか～だ	8
同学	tóngxué	名 同級生，クラスメート	6
偷	tōu	動 盗む	S2
头	tóu	名 頭	3
突然	tūrán	形 突然	S2
图书馆	túshūguǎn	名 図書館	1
退	tuì	動 返品する	S1

── W ──

袜子	wàzi	名 靴下	4
哇	wa	嘆 わー	3
外边(儿)	wàibian(r)	方 外，外側	5
外国	wàiguó	名 外国	S4
外面	wàimian	方 外，外側	10
外语	wàiyǔ	名 外国語	2
外祖父	wàizǔfù	名（母方の）祖父	付
外祖母	wàizǔmǔ	名（母方の）祖母	付
～完	wán	（補語として）～し終わる	11
玩儿	wánr	動 遊ぶ	6
晚	wǎn	形（時間が）遅い	S1
晚饭	wǎnfàn	名 夕食	6
晚上	wǎnshang	名 夜，晩	5
碗	wǎn	量〔茶碗や丼に入ったものを数える〕	7
万	wàn	数 万	8
万里长城	Wànlǐ Chángchéng	名 万里の長城	S2
王	Wáng	王〔姓〕	6

网球	wǎngqiú	名 テニス		3
为什么	wèi shénme	なぜ		付
喂	wéi	間 もしもし		10
位	wèi	量〔人を丁寧に数える〕		12
文化	wénhuà	名 文化		S2
文学	wénxué	名 文学		2
问	wèn	動 尋ねる		6
问题	wèntí	名 問題，質問		7
我	wǒ	代 私		1
我们	wǒmen	代 私たち		1
乌龙茶	wūlóngchá	名 ウーロン茶		4
五	wǔ	数 五		0
午饭	wǔfàn	名 昼食		6

— X —

西边(儿)	xībian(r)	方 西，西側		5
吸烟	xī//yān	動+ タバコを吸う		11
希望	xīwàng	動 希望する，望む		S4
洗	xǐ	動 洗う		S1
洗手间	xǐshǒujiān	名 お手洗い		4
洗澡	xǐ//zǎo	動+ 入浴する		10
喜欢	xǐhuan	動 好きだ		3
系	xì	名 学部，学科		2
下	xià	動 下がる，下る		12
		方 次の		7
下班	xià//bān	動+ 退勤する		6
下边(儿)	xiàbian(r)	方 下，下側		5
下(个)星期	xià (ge) xīngqī	来週		7
下(个)月	xià (ge) yuè	来月		10
下课	xià//kè	動+ 授業が終わる		7
～下去	xiàqu	～し続ける		S2
下午	xiàwǔ	名 午後		3
下雪	xià//xuě	動+ 雪が降る		9
下雨	xià//yǔ	動+ 雨が降る		6
下周	xiàzhōu	名 来週		S4
先	xiān	副 先に		1
咸	xián	形 塩辛い		12
现在	xiànzài	名 今，現在		5
香港	Xiānggǎng	名 香港		7
香香	Xiāngxiang	〔「香」の愛称〕		6
箱子	xiāngzi	名 ①箱		S2
		②スーツケース		S2
想	xiǎng	助動 ～したい		4
		動 考える，思う		8
小	xiǎo	接頭 ①〔名詞の前に置き幼さやかわいらしさを表す〕		3
		②〔1字の姓の前に置き親しみを込めた呼び かけにする〕		7
		形 小さい		3
小狗	xiǎogǒu	名 わんこ		3
小孩儿	xiǎoháir	名 子ども		S1
小说	xiǎoshuō	名 小説		9
笑	xiào	動 笑う		S2
笑眯眯的	xiàomīmīde	にこにこして嬉しそうな様子		S4
鞋	xié	名 靴		3
写	xiě	動 書く		7
谢谢	xièxie	ありがとう		0
新	xīn	形 新しい		S3
新干线	xīngànxiàn	名 新幹線		10
信	xìn	名 手紙		7
信用卡	xìnyòngkǎ	名 クレジットカード		8
星期～	xīngqī	～曜日		4
星期二	xīngqī'èr	火曜日		0
星期六	xīngqīliù	土曜日		0
星期日／天	xīngqīrì/tiān	日曜日		0
星期三	xīngqīsān	水曜日		0
星期四	xīngqīsì	木曜日		0
星期五	xīngqīwǔ	金曜日		0
星期一	xīngqīyī	月曜日		0
行	xíng	形 よろしい，かまわない		8
行李	xíngli	名 荷物		S1
姓	xìng	動（姓を）～という		2
兄弟	xiōngdì	名 兄弟		4
休息	xiūxi	動 休む，休憩する		8
选	xuǎn	動 選ぶ		8
选为～	xuǎnwéi	動+ ～に選ぶ		S2
学	xué	動 勉強する，学ぶ		10
学生	xuésheng	名 学生		2
学生证	xuéshēngzhèng	学生証		9
学习	xuéxí	動 勉強する，学ぶ		3
学校	xuéxiào	名 学校		2

— Y —

烟	yān	名 タバコ		付
眼镜	yǎnjìng	名 メガネ		9
样子	yàngzi	名 様子		S2
药	yào	名 薬		S4
要	yào	動 ほしい，要る		3
		助動 ～しなくてはならない，～するつもりだ，～したい		6
要～了	yào~le	もうすぐ～(になる，する)		10
钥匙	yàoshi	名 カギ		S1
爷爷	yéye	名（父方の）祖父		5

89

也	yě	副 ～も，また	1
页	yè	名 ページ	0
一	yī	数 一	0
一般	yìbān	形 ふつう	9
一大早	yídàzǎo	名 早朝	S2
（一）点儿	(yì)diǎnr	数量 ちょっと	11
一定	yídìng	副 必ず，きっと	6
一个月	yí ge yuè	一か月	5
一共	yígòng	副 全部で，合計で	4
一会儿	yíhuìr	数量 ちょっとの間	10
一刻	yí kè	15分	7
一起	yìqǐ	副 一緒に	3
一时	yìshí	副 即座に	0
一下	yíxià	数量 ちょっと	8
（一）些	(yì)xiē	数量 いくらか，ちょっと	8
一样	yíyàng	形 同じ	11
衣服	yīfu	名 服	4
医生	yīshēng	名 医者	12
医院	yīyuàn	名 病院	S3
遗产	yíchǎn	名 遺産	S2
以前	yǐqián	名 以前	S4
已经	yǐjīng	副 すでに，もう	6
椅子	yǐzi	名 椅子	S1
因为～所以…	yīnwèi~suǒyǐ…	なぜなら～なので…	S2
音乐	yīnyuè	名 音楽	3
音乐会	yīnyuèhuì	名 音楽会，コンサート	7
银行	yínháng	名 銀行	5
应该	yīnggāi	助動 ～すべきだ	S1
英文	Yīngwén	名 英語	2
英语	Yīngyǔ	名 英語	11
用	yòng	介 ～で，～を使って	8
		動 使う	8
邮件	yóujiàn	名 メール	8
邮局	yóujú	名 郵便局	5
游	yóu	動 泳ぐ	9
游客	yóukè	名 観光客	11
游戏	yóuxì	名 ゲーム	9
游泳	yóu//yǒng	動+ 泳ぐ	6
有	yǒu	動 いる，ある，持っている	4
有点儿	yǒudiǎnr	副 どうもちょっと	3
有趣	yǒuqù	形 おもしろい	8
又	yòu	副 また	6
右边（儿）	yòubian(r)	方 右，右側	5
鱼	yú	名 魚	3
愉快	yúkuài	形 楽しい	S4
雨伞	yǔsǎn	名 傘	2
预习	yùxí	動 予習する	11
原来	yuánlái	副 実は，なんと	S3
远	yuǎn	形 遠い	5
愿意	yuànyì	動 願う，望む	S4
月	yuè	量 ～月〔日付〕	4

―― Z ――

杂志	zázhì	名 雑誌	S3
再	zài	副 再び，さらに，もう（一度）	11
再见	zàijiàn	さようなら	0
在	zài	動 ある，いる	5
		介 （場所）で	5
		副 ～しているところだ	10
咱们	zánmen	代 （相手を含む）私たち	1
脏	zāng	形 汚い	12
糟糕	zāogāo	形 （状況などが）まずい，しまった	S1
早饭	zǎofàn	名 朝食	6
早就	zǎojiù	副 とっくに	S3
早上	zǎoshang	名 朝	7
怎么	zěnme	代 ①どうやって	7
		②どうして	11
怎么会～	zěnme huì	どうして～があろうか	S3
怎么能～	zěnme néng	どうして～できようか	S3
怎么样	zěnmeyàng	代 どうですか	3
站	zhàn	動 立つ	9
～站	zhàn	名 ～駅	10
张	Zhāng	張〔姓〕	7
张	zhāng	量 ～枚，（テーブル・ベッドなどが）～台	4
着急	zháojí	形 あせっている	11
找	zhǎo	動 さがす	11
赵	Zhào	趙〔姓〕	7
照片	zhàopiàn	名 写真	9
照相	zhào//xiàng	動+ 写真を撮る	9
这	zhè	代 これ，それ	2
这里	zhèli	代 ここ，そこ	2
这么	zhème	代 このように，こんなに	S1
这儿	zhèr	代 ここ，そこ	2
这时候	zhè shíhou	このとき	S3
着	zhe	助 ～（し）ている	9
这个	zhèige/zhègc	代 これ，この，それ，その	2
这个星期	zhèige xīngqī	今週	付
这个月	zhèige yuè	今月	付
这些	zhèixiē/zhèxiē	代 これら，それら	2
真	zhēn	副 本当に	3
真的	zhēnde	副 本当に	S1
整天	zhěngtiān	名 一日中	6
正	zhèng	副 ちょうど	10

正好	zhènghǎo	副	ちょうど	4	装	zhuāng	動	詰め込む，入れる	S3
只	zhī	量	①～匹	4	准备	zhǔnbèi	動	準備する	6
			②ペアの片方	付	桌子	zhuōzi	名	テーブル，机	4
支／枝	zhī	量	～本〔棒状のものを数える〕		资料	zīliào	名	資料	6
				付	自己	zìjǐ	代	自分	6
知道	zhīdao	動	知っている	6	自行车	zìxíngchē	名	自転車	4
止步	zhǐ//bù	動+	立ち止まる	11	字	zì	名	字	11
只	zhǐ	副	ただ，だけ	S3	走	zǒu	動	①歩く	11
纸	zhǐ	名	紙	4				②出かける，立ち去る	S1
纸条	zhǐtiáo	名	メモ	S3	～走	zǒu		（補語として）～して（どこかへ）	
指教	zhǐjiào	動	指導する	0				行ってしまう	S2
质量	zhìliàng	名	質	12	租	zū	動	レンタルする	S3
中国	Zhōngguó	名	中国	1	足球	zúqiú	名	サッカー	3
中国人	Zhōngguórén	名	中国人	2	祖父	zǔfù	名	（父方の）祖父	付
中文	Zhōngwén	名	中国語	2	祖母	zǔmǔ	名	（父方の）祖母	付
中午	zhōngwǔ	名	昼，昼時	7	最近	zuìjìn	名	最近，近頃	3
钟	zhōng	名	〔時間を表す〕	7	昨天	zuótiān	名	きのう	7
终于	zhōngyú	副	ついに，とうとう	S1	左边(儿)	zuǒbian(r)	方	左，左側	5
种	zhǒng	量	～種	S3	作业	zuòyè	名	宿題	6
住	zhù	動	①泊まる	5	坐	zuò	動	①(乗り物に)乗る	6
			②住む	10				②座る	9
注意点儿	zhùyì diǎnr		（ちょっと）気を付ける	10	做	zuò	動	①する，やる	6
祝	zhù	動	～でありますように	S4				②つくる	6

ピンイン表記に関する注意点

1) 中国語の発音をピンインで表記する際は単語を単位とし，一つの単語の中では音節間にスペースを入れず，続けてつづる。句や文では単語ごとにスペースを入れて分かち書きする。

  rén（人）   xuéxiào（学校）   bīngqílín（冰淇淋）
  mǎi dōngxi（买东西） Wǒ shì dàxuéshēng.（我是大学生。）

2) 固有名詞の冒頭の文字は大文字にする。人名の場合は姓と名の間にスペースを入れ，それぞれ最初の文字を大文字にする。

  Zhōngguó（中国） Běijīng（北京） Chángchéng（长城） Cáo Cāo（曹操）

3) 文の場合は文頭を大文字にし，文末はピリオドをうつ。疑問文や感嘆文などで「？」や「！」を使う場合はそれにあわせる。

  Wǒ qù túshūguǎn.（我去图书馆。） Zhè shì shénme？（这是什么？）
  Zhēn hǎokàn！（真好看！）

4) a, o, e で始まる音節が単語の途中に来る場合には，切れ目がわかりにくくなるので隔音符号「'」で区切る。

  Xī'ān（西安） ／ xiān（先）

著者略歴
石田友美（いしだ ともみ）
　東京外国語大学地域文化研究科博士前期課程修了。
　中央大学ほか講師。現代中国語文法・中国語教育。
桑野弘美（くわの ひろみ）
　東京外国語大学地域文化研究科博士前期課程修了。
　日本大学ほか講師。中国文学・中国語教育。
島田亜実（しまだ つぐみ）
　東京外国語大学地域文化研究科博士前期課程修了。
　日本大学ほか講師。現代中国語文法・中国語教育。
鈴木ひろみ（曲春元）
　中国吉林省吉林市出身。東京外国語大学地域文化研究科博士前期課程修了。
　中国南開大学漢語言文字学学科博士課程修了（文学博士）。
　中央大学准教授。現代中国語文法・中国語教育。

しっかり初級中国語（CD付）

2016年4月 1 日 第 1 刷発行
2024年3月30日 第15刷発行

著　者 ⓒ 　　石　田　友　美
　　　　　　桑　野　弘　美
　　　　　　島　田　亜　実
　　　　　　鈴　木　ひ ろ み
発行者　　　岩　堀　雅　己
印刷所　　　倉敷印刷株式会社

発行所　101-0052東京都千代田区神田小川町3の24
　　　　電話 03-3291-7811（営業部），7821（編集部）
　　　　www.hakusuisha.co.jp　　　　株式会社 白水社
　　　　乱丁・落丁本は、送料小社負担にてお取り替えいたします。

振替 00190-5-33228　　　　　　　　　　　　　誠製本株式会社
ISBN978-4-560-06936-3
Printed in Japan

▷本書のスキャン、デジタル化等の無断複製は著作権法上での例外を
　除き禁じられています。本書を代行業者等の第三者に依頼してスキャ
　ンやデジタル化することはたとえ個人や家庭内での利用であっても著
　作権法上認められていません。

中 国 語 音 節 表

母音＼子音	a	o	e	-i	-i	er	ai	ei	ao	ou	an	en	ang	eng	ong	i	ia	ie	iao	iou	ian	in	iang	ing	iong	u	ua	uo	uai	uei	uan	uen	uang	ueng	ü	üe	üan	ün
母音のみの表記	a	o	e			er	ai	ei	ao	ou	an	en	ang	eng		yi	ya	ye	yao	you	yan	yin	yang	ying	yong	wu	wa	wo	wai	wei	wan	wen	wang	weng	yu	yue	yuan	yun
b	ba	bo					bai	bei	bao		ban	ben	bang	beng		bi		bie	biao		bian	bin		bing		bu												
p	pa	po					pai	pei	pao	pou	pan	pen	pang	peng		pi		pie	piao		pian	pin		ping		pu												
m	ma	mo	me				mai	mei	mao	mou	man	men	mang	meng		mi		mie	miao	miu	mian	min		ming		mu												
f	fa	fo						fei		fou	fan	fen	fang	feng												fu												
d	da		de				dai	dei	dao	dou	dan	den	dang	deng	dong	di	dia	die	diao	diu	dian			ding		du		duo		dui	duan	dun						
t	ta		te				tai		tao	tou	tan		tang	teng	tong	ti		tie	tiao		tian			ting		tu		tuo		tui	tuan	tun						
n	na		ne				nai	nei	nao	nou	nan	nen	nang	neng	nong	ni		nie	niao	niu	nian	nin	niang	ning		nu		nuo			nuan				nü	nüe		
l	la	lo	le				lai	lei	lao	lou	lan		lang	leng	long	li	lia	lie	liao	liu	lian	lin	liang	ling		lu		luo			luan	lun			lü	lüe		
g	ga		ge				gai	gei	gao	gou	gan	gen	gang	geng	gong											gu	gua	guo	guai	gui	guan	gun	guang					
k	ka		ke				kai	kei	kao	kou	kan	ken	kang	keng	kong											ku	kua	kuo	kuai	kui	kuan	kun	kuang					
h	ha		he				hai	hei	hao	hou	han	hen	hang	heng	hong											hu	hua	huo	huai	hui	huan	hun	huang					
j																ji	jia	jie	jiao	jiu	jian	jin	jiang	jing	jiong										ju	jue	juan	jun
q																qi	qia	qie	qiao	qiu	qian	qin	qiang	qing	qiong										qu	que	quan	qun
x																xi	xia	xie	xiao	xiu	xian	xin	xiang	xing	xiong										xu	xue	xuan	xun
zh	zha		zhe	zhi			zhai	zhei	zhao	zhou	zhan	zhen	zhang	zheng	zhong											zhu	zhua	zhuo	zhuai	zhui	zhuan	zhun	zhuang					
ch	cha		che	chi			chai		chao	chou	chan	chen	chang	cheng	chong											chu	chua	chuo	chuai	chui	chuan	chun	chuang					
sh	sha		she	shi			shai	shei	shao	shou	shan	shen	shang	sheng												shu	shua	shuo	shuai	shui	shuan	shun	shuang					
r			re	ri					rao	rou	ran	ren	rang	reng	rong											ru	rua	ruo		rui	ruan	run						
z	za		ze		zi		zai	zei	zao	zou	zan	zen	zang	zeng	zong											zu		zuo		zui	zuan	zun						
c	ca		ce		ci		cai		cao	cou	can	cen	cang	ceng	cong											cu		cuo		cui	cuan	cun						
s	sa		se		si		sai		sao	sou	san	sen	sang	seng	song											su		suo		sui	suan	sun						

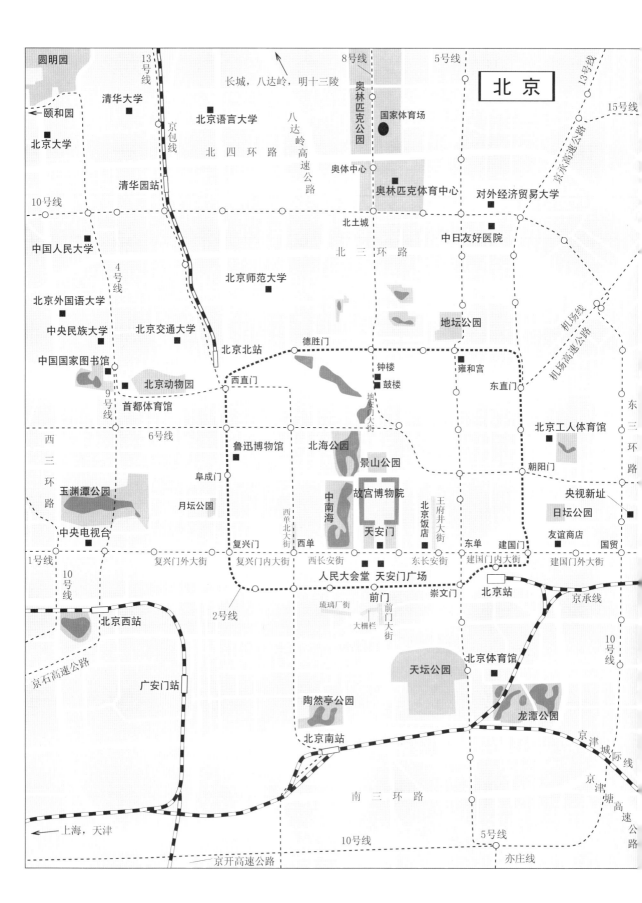

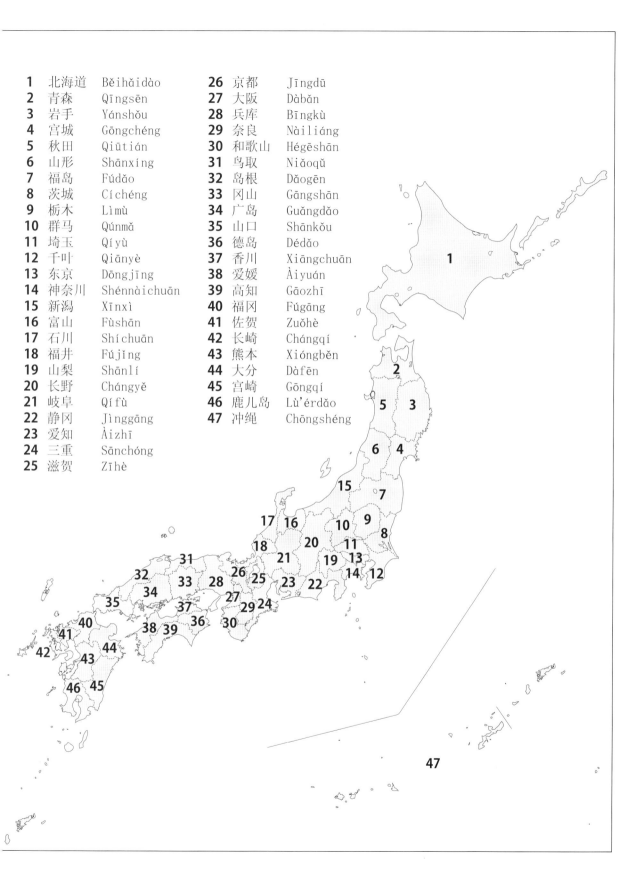

1	北海道	Běihǎidào	26	京都	Jīngdū
2	青森	Qīngsēn	27	大阪	Dàbǎn
3	岩手	Yánshǒu	28	兵库	Bīngkù
4	宫城	Gōngchéng	29	奈良	Nàiliáng
5	秋田	Qiūtián	30	和歌山	Hégēshān
6	山形	Shānxíng	31	鸟取	Niǎoqǔ
7	福岛	Fúdǎo	32	岛根	Dǎogēn
8	茨城	Cíchéng	33	冈山	Gāngshān
9	栃木	Lìmù	34	广岛	Guǎngdǎo
10	群马	Qúnmǎ	35	山口	Shānkǒu
11	埼玉	Qíyù	36	德岛	Dédǎo
12	千叶	Qiānyè	37	香川	Xiāngchuān
13	东京	Dōngjīng	38	爱媛	Àiyuán
14	神奈川	Shénnàichuān	39	高知	Gāozhī
15	新潟	Xīnxì	40	福冈	Fúgāng
16	富山	Fùshān	41	佐贺	Zuǒhè
17	石川	Shíchuān	42	长崎	Chángqí
18	福井	Fújǐng	43	熊本	Xióngběn
19	山梨	Shānlí	44	大分	Dàfēn
20	长野	Chángyě	45	宫崎	Gōngqí
21	岐阜	Qífù	46	鹿儿岛	Lù'érdǎo
22	静冈	Jìnggāng	47	冲绳	Chōngshéng
23	爱知	Àizhī			
24	三重	Sānchóng			
25	滋贺	Zīhè			